Carlo Pascal

Seneca

Finito di stampare nel mese di settembre 2023
presso Rotomail Italia Spa – Vignate (MI)
per conto di Primiceri Editore Srls
Via Savonarola 217, 35137 Padova
Prima Edizione
ISBN 9788833003344
www.primicerieditore.com

PREFAZIONE

Una lettura che sopra Seneca io tenni in alcune città d' Italia, nell' aprile di quest' anno, parve a molti una troppo ardita difesa dell'antico filosofo. Giacchè alla figura di Seneca è ormai, per antica tradizione, collegato, nella mente dei dotti, il ricordo di tutta una serie d'infingimenti, di compromessi e di viltà; e d'altra parte, o per indolenza, o per ossequio alla solennità di giudizii secolari, ciascuno preferisce seguire l' opinione comune, anzichè di quella opinione indagare le ragioni e l'origine. Il primo degli studii che qui pubblico è, sostanzialmente, quella lettura: i capitoli che seguono vogliono essere particolari dichiarazioni sopra alcuni punti. Non si ha dunque qui una biografia di Seneca; si ha una lettura popolare, alcune parti della quale vengono avvalorate e confermate per mezzo di speciale trattazione. Per quanto riguarda l'intento di apologia che risulta evidente da più punti del mio lavoro, io sono sicuro di non avere obbedito a preconcetti, di non avere seguito la traccia di una tesi già fatta, e spero anche di non avere, in niuna parte, varcato il segno. Io non ho fatto di Seneca il modello di ogni virtù, ma mi è ripugnato che si continuasse a farne il tipo di ogni bassezza. E a chi vorrà equamente giudicare sarà opportuno che si rammenti su quali labbra suonarono primamente le accuse. Un calunniatore di mestiere, un acerrimo nemico di Seneca, un uomo moralmente abbietto, C. Suilio, costruì tutto quel vergognoso edifizio. I materiali di quell'edifizio non andarono perduti: è il caso di osservare che di ogni calunnia rimane sempre qualche cosa. I due storici che ancor possediamo, Tacito e Dione, raccolsero la maggior parte delle accuse e le raccolsero dalle Storie civili *di Plinio il Vecchio, il quale, probabilmente, aveva appunto attinto al libello di Suilio. In tali condizioni è da fare pur meraviglia che sul carattere di Seneca e sulla nobiltà di certi atti suoi sieno rimasti qua e là in quei due storici così solenni attestazioni. Ma l'opera che conteneva la sua difesa, l'opera del probo e valente Fabio Rustico, è perita: Tacito, forse per naturale inclinazione a veder fosco nelle cose, guarda ad essa, per tal questione, con gran sospetto, come malfida. In verità la sorte è stata iniquissima per questo grande. Ha fatto perire ogni difesa e sopravvivere incontestate e terribili le accuse. Che cosa penseremmo noi di Socrate, se conoscessimo solo il Socrate della commedia, spasimante per la etèra Mirto, invescato in amori puerili, avido di loschi guadagni, e non possedes-*

simo le magnifiche apologie degli amici ed ammiratori devoti? E parrebbe giustizia a noi, che i posteri giudicassero della moralità di uomini che furono nostri contemporanei, ad es. di Gladstone, di Bismarck, di Garibaldi, solo da qualche libello insidioso scagliato contro di essi? Il che non dico perchè reputi che tra questi uomini e quello antico, di cui parlo io, sia possibile un paragone; ma solo per affermare un principio di equa prudenza e per dichiarare inquinate le fonti dell'accusa. Seneca, se non fu un uomo moralmente perfetto, fu però in gran parte vittima di quella grande menzogna convenzionale, che si chiama la giustizia della storia.

Ma basti ciò delle ragioni e degl'intendimenti cui è informata l'opera mia. Il fine di lettura popolare, cui fu destinato il primo lavoro, valga a scusare presso gli studiosi la forma in cui esso fu redatto. Niuna pretesa di originale ricerca, o di argomentazioni storiche e filologiche poteva guidarmi; ma solo desiderio di una esposizione facile e piana, e che traesse anche dagli scrittori antichi qualche colorimento vivace, ma che fosse sempre fedele alla verità storica, o a quella da me creduta tale, dopo l'esame obbiettivo delle testimonianze superstiti.

Carlo Pascal

SENECA

Una triste leggenda si è andata formando nei secoli sul carattere morale di Seneca: che i fatti della sua vita fossero in continuo stridente contrasto con l'altezza della sua predicazione filosofica. Egli, si dice, predicava la povertà e possedeva immense ricchezze, esaltava la vita semplice ed austera ed era un allegro signore del bel mondo; riponeva la felicità nell'assenza di ogni desiderio e di ogni ambizione ed era cupidissimo di potere e di gloria mondana. La filosofia era per lui una pompa e una finzione, non era sentimento e regola di vita. Debole, incerto, incapace di resistere al male, arrendevole alle seduzioni, abbagliato dalla luce delle terrene grandigie, discese perfino, secondo l'apprezzamento comune, a qualche atto di viltà: contro Claudio si scagliò solo dopo la morte con una satira sanguinosa, e non ebbe neppur ritegno di dare a Nerone il soccorso dell'arte sua oratoria per giustificare davanti al Senato l'orrendo delitto del matricidio (1). L'ombra fosca di Nerone si proietta cupamente pur sulla figura di questo mite filosofo: e quando noi lo sentiamo con sì placida e serena saggezza propugnare il bene e la virtù, rimaniamo scettici e diffidenti. L'umanità non ha voluto quasi rassegnarsi all'idea che dall'antico maestro di Nerone potessero venirle insegnamenti morali, ed ha lasciato cadere a poco a poco in oblio le opere sue. Della vita di Seneca si parla comunemente come se fosse pietà il tacerne: della morte sua si parla come se solo fosse valsa a redimere una vita non degna. E le accuse non sono recenti. Uno scrittore antico, Cassio Dione, raccolse tutte le voci odiose che dilaniavano la fama del vecchio filosofo e niuno obbrobrio risparmiò alla sua memoria (2). Le accuse di disonestà, di usura, di ambizione, di lusso smodato, di libidine, si susseguono nelle sue pagine quasi eco delle voci dei più fieri nemici di Seneca. E la rabbia accusatrice è tale, che sulle cose più pure è sollevato il sospetto: perfino il matrimonio con Pompeia Paulina, gentilissima donna, che Seneca amò fino agli ultimi istanti di vita del più nobile affetto, è rappresentato come un matrimonio d'interesse.

Le fonti di tutte queste accuse sono sincere? La risposta possiamo averla da Tacito, autore in questo non sospetto, perchè non troppo benevolo a Seneca. Egli ci narra della disgrazia in cui cadde sotto Nerone certo Publio Suilio, uomo che durante il regno di Claudio era diventato con vilissime arti

(1) Di tutte queste accuse è discorso nel capitolo seguente: *La pretesa viltà di Seneca.*

(2) Cfr. Dione LXI, 10; LXII, 2.

potentissimo. A Seneca egli era acerrimo nemico e non è forse vano il sospetto che egli appunto avesse contribuito sotto Claudio a fargli infliggere l'esilio. Era del resto uomo venalissimo e che aveva accumulato potenze e ricchezze col dilaniare di turpi calunnie le persone eminenti dell'età sua, spingendo a disperato proposito Quinto Pomponio, traendo a morte Giulia figlia di Druso e Sabina Poppea, irretendo nelle spire di velenose accuse Valerio Asiatico, Lucio Saturnino, e Cornelio Lupo. Il colpire tale uomo era per Seneca, quando egli divenne potente nella repubblica, non una vendetta, ma un dovere. Ed a colpirlo Seneca evocò la legge Cincia, che presentata già da Marco Cincio Alimento tribuno della plebe nell'anno 550 di Roma, era stata rimessa in onore da Augusto, per impedire la corruzione nei processi e il mercimonio nell'amministrazione della giustizia. Ma Tacito non si lascia sfuggire l'occasione per insinuare, com'egli suole, qualche suo tristo sospetto; che cioè all'odio di Seneca fosse dovuto il processo, quasichè non faccia fede Tacito stesso delle ribalderie di Suilio; e che a bella posta si richiamasse in vigore la legge Cincia, quasichè fosse stata mai abrogata o quasichè non fosse onesto avvalersi di una austera legge contro siffatto ribaldo (1). Or fu appunto questo Suilio che di tutte le accuse infamanti contro Seneca si fece autore e propagatore. Da quella impurissima fonte rifluirono forse nelle *Storie civili*, ora perdute, di Plinio e di là Tacito studiosamente le raccolse. Suilio adunque per iscagionare sè stesso si scagliava contro Seneca, ac-

(1) Tac. *Ann.* XIII, 42,

cusandolo, al dir di Tacito (1) come nemico agli amici di Claudio, sotto di cui aveva sopportato un esilio ben meritato. E poichè Seneca, aggiungeva Suilio, si era dedicato a studi senza utilità pratica ed era avvezzo ad usare con giovani ancora inesperti, egli manifestava il suo livore contro tutti coloro che esercitavano a difesa dei cittadini l'eloquenza vivace ed incorrotta. · Lui, Suilio, essere stato questore di Germanico: Seneca invece nella casa di Germanico aver portato l'adulterio. E che forse ricevere il compenso di una lite, spontaneamente offerto, era colpa maggiore che l'insidiare l'onestà delle primarie donne? Ed in premio di qual sapienza o di quali precetti filosofici Seneca da quattro anni, da che era amico di un imperatore, aveva accumulato 300 milioni di sesterzii? A Roma era andato uccellando i testamenti di quelli che non avevan figli; l'Italia e le provincie erano state da lui disseccate con l'enorme usura. Tali le accuse di Suilio, trasmesse di età in età, esagerate per preconcetti, avvelenate dall'odio di parte, e ad ogni modo provenienti da un uomo, che dell'accusare aveva fatto suo vilissimo mestiere e sua fonte di lucro. (2) Fortunatamente Seneca ci può

(1) Tac. *Ann.* XIII, 42.

(2) Nell'opera *Ad Gallionem De vita beata*, cap. 17, e 18 sembra quasi che Seneca voglia rispondere ad alcune delle accuse di Suilio. Cfr. Gercke, in *Fleckeisen*, *Iahrb.* Suppl. 22 (1896) p. 299 e Schultess, *De L. Annaei Senecae quaestionibus naturalibus et epistulis* (Bonnae, 1872), p. 47-48. Alcune delle allusioni però che si vogliono scorgere nella detta opera sono mere fantasie; così quelle che lo Schultess (p. 48) vorrebbe vedere nel cap. XV, 5-7, alle accuse scagliate contro Seneca dopo la morte di Agrippina.

comparire sotto una luce migliore. Non è una luce purissima di idealità e di virtù; ma è tale però che rifulge simpatica e serena in mezzo alle tenebre fitte, che d'ogni parte scendevano e gravavano sull' anima umana. Tra le ripulse sdegnose ebbe compromessi e debolezze; tra gli atti di austera fierezza se ne trova pur qualcuno di colpevole condiscendenza; nell' appartarsi dal mondo, nell' inculcare precetti di astensione e di forza d'animo, pertin direi nei momenti supremi della morte nobilissima egli ebbe troppo desiderio di appariscenza fastosa, assunse, per così dire, pose troppo tragiche e paludamenti troppo solenni; eppure quale coerenza alle sue dottrine, quale forza di animo nelle avversità, quale sereno sprezzo di tutti i beni della vita, quale alto concetto della missione umana affidata al virtuoso ed al saggio! Questo Seneca, quale ci appare dal riscontro dei suoi scritti con gli atti suoi, è molto più verace di quel Seneca, che ci è stato tramandato da una secolare ingiustizia e che fu primamente effigiato dalla rabbia calunniatrice di coloro, che egli aveva colpito col flagello della meritata pena.

***

Nell' anno 41 dopo Cristo, quando Seneca era nel fiore dell' età virile, egli fu travolto da una grande sventura. Accusato ingiustamente (1) da Messalina di relazioni illecite con Giulia Livilla, figliuola di Germanico e sorella dell' imperatore

(1) Messalina invidiosa di Livilla, che era bellissima, volle trarla a rovina. Svetonio dice che essa fu condannata, senza che ne fosse provata la colpa o che le si concedesse la difesa (*Claud.* 29) V. Seneca, *Apoc.* 10, 4; cfr. pure *Oct.* 944 sgg.

Caligola, egli fu relegato nell' isola di Corsica, aspro soggiorno, abitato allora da popolazioni pressochè selvagge. La madre, la buona Elvia, rimase a Roma per curare l'educazione dei suoi nepoti. Seneca stesso ci dice (1) qual nugolo di sventure si fosse addensato da poco tempo sul capo della disgraziatissima donna. Mortole il marito, mentre erano lontani tutti i figliuoli suoi, mortile l' un dopo l' altro tre nepoti dilettissimi, or le si strappava dal seno pure il figliuolo, la gloria della sua famiglia, l' orgoglio della sua casa: questo solo mancava alle sue sciagure, dice Seneca, piangere i vivi. Eppure il filosofo in quel lontano esecrato soggiorno, non si lasciò abbattere dallo scoraggiamento e si assunse anzi il pietoso incarico di dar conforto alla madre sua. E con quale altezza di pensieri, con quale rassegnazione, mesta sì, ma sdegnosa, con quale nobiltà d' intendimenti, egli attuò il proposito suo, ricercando le parole consolatrici non nelle usate ragioni, che leniscono bensì l' affanno, ma deprimono lo spirito, bensì in esortazioni di nobile fermezza e d' indomita resistenza. « Finchè era acerbo il dolore, egli dice alla madre sua, ho voluto lasciare ad esso libero sfogo, giacchè anche nei mali fisici niente nuoce di più che una medicina presa fuori di tempo. » Ed ora invece egli si accinge al conforto. Ed è commovente seguire l'audace consolatore per tutta la serie dei suoi pietosi sofismi. Egli non lamenta, no, la fortuna avversa, nè vuole dirsi sua vittima. « Giammai, egli dice, (2) io mi sono affidato alla fortuna, neppur quando

(1) *De cons. ad Helv.* II, 4.

(2) *De cons. ad Helv.* V, 4.

mi sembrava benevola. Tutti i beni che essa mi ha largito, ricchezze, onori, favori, li ho collocati in tal posto d' onde essa potesse riprenderseli, senza che io neppur mi muovessi. Tra essa e me ho posto una grande distanza. Ed essa si è ripreso i suoi beni, non me li ha strappati. Solo si lascia abbattere dalla fortuna avversa colui che si è lasciato lusingare dalla fortuna benigna. Quelli che amarono i doni della sorte, come se dovessero essere proprii in eterno, e vollero a cagion di essi essere ammirati, quelli, sì, rimangono abbattuti ed afflitti, quando i loro animi vani, puerili, ignari di ogni verace bene, restan privi di quei falsi e fugaci diletti: ma chi non si esaltò nelle prosperità, non rimane depresso quando mutano i tempi. » Qui non si dirà che le parole non corrispondano ai fatti: queste parole invero sono come il programma di tutta la vita di Seneca, programma fieramente, rigidamente attuato. E si ascolti ora come il povero relegato dal suo triste inospitale soggiorno parli dell' esilio: (1) « Vedi, egli dice, quell' affollamento di uomini, cui a mala pena bastano le case della immensa città: la massima parte di cotesta turba è lontana dalla patria. Affluirono costà da municipii, da colonie, da tutte le parti del mondo. Altri furono guidati dall' ambizione, altri da doveri di pubblici ufficii, altri da missioni ad essi affidate, altri da libidine di piaceri, altri da desiderio di studi liberali, altri dall'amor di spettacoli.... Chiama ad uno ad uno per nome tutti costoro, domanda di quali paesi essi siano: vedrai che la maggior parte di essi ha lasciato le

(1) *De consol. ad Helv.* VI, 2 segg.

sedi sue ed è venuta in cotesta, che è, sì, la più bella e la più grande tra le città, ma non è la patria. » E lo scrittore si dilunga in questo concetto: percorri tutte le altre città, tutte le altre regioni; vi troverai degli stranieri. « Che cosa v' ha di più nudo, di più irto da ogni parte che questo scoglio? qual parte del mondo è più squallida di prodotti naturali, più selvaggia, più orrida di sito, più inclemente per cielo? Eppure qui troverai più forestieri che cittadini. Tanto dunque non è per sè solo spiacevole il mutar sede, che perfin questo scoglio ha avuto virtù di allontanare alcuni dalla patria. » Ma il pensiero più alto e che più brilla al nostro intelletto di altissima luce è quel che il filosofo traeva dalle dottrine stesse della sua scuola: dovunque noi ci rechiamo, due cose ci seguono, che niuno potrà mai da noi scompagnare: la natura esterna e la virtù nostra (1). « Marco Bruto diceva bastare all' esule sol questo, che egli possa portar seco le virtù sue. » E quanto poi agli spettacoli della natura, con qual senso di penetrazione profonda Seneca esalta i beneficii morali che da essi ridondano all' animo desolato! « Finchè mi sia lecito, egli dice, vedere il sole e la luna e fissare l' occhio alle stelle e investigare i periodi del loro nascere e del lor tramontare e le cause del loro giro più o meno veloce e guardare tanti astri lucenti nella notte, altri immobili, altri aggirantisi in piccola orbita, altri erompenti di un tratto, altri abbaglianti la vista per diffuso fulgore, come se cadessero, o segnanti nel cielo un lungo solco di viva luce, fin-

(1) *Ivi*, VIII 2.

chè mi sia lecito godere di tali spettacoli, mescolarmi quasi nelle cose celesti, quanto è dato ad un uomo, esaltare l'animo nella contemplazione dell'universo, che cosa m'importa quale sia il suolo che io premo? »

Così il filosofo relegato, nel pietoso desiderio di confortare la desolata madre, sapeva trovare argomentazioni e pensieri, degni dell'animo virile di lei e della dottrina famosa ond'egli attingeva tanta nobiltà intellettuale. Del resto quando, nella deserta solitudine sua, l'animo si effondeva nel dolore senza il timore del comunicarlo altrui, qual grido di strazio, quali accenti di desolazione! Un suo epigramma alla Corsica così finisce: « Sia pace agli esuli e cioè sia pace ai sepolti: al cenere dei vivi sia leggera la terra tua! » ed in altro epigramma, il nono, il pensiero dell'esule ricorre alla sua patria lontana, a Cordova, che già era stata oppressa da tanti mali: assalti, devastazioni guerresche, rapine; ora Cordova saprà che anche il figlio suo, il figlio che ne portava glorioso il nome per il mondo, è stato relegato sopra uno scoglio. E all'amico Crispo, che egli dice « sua forza, sua fede e suo onore », angosciosamente domanda: « Ora che io sono qui, confitto su questi sassi, perchè non è meco il pensiero tuo? Gli ostacoli della terra lo trattengono forse? »

Otto anni durò quello esilio. Nell'anno 49 dopo Cristo Agrippina lo fe' richiamare, affidandogli l'educazione di Nerone (1). Su questo interessa-

(1) Tacito, *Ann.* XII. 8. Circa la data precisa v. Gercke, *Seneca-Studien*, p.290. Erronea è l'indicazione presso Svetonio, *Nero*, 7, che ci riporterebbe all'anno 47. Il passo presso le

mento di Agrippina per Seneca si formò forse la leggenda dei loro amori. La notizia non fu raccolta neppur dagli storici più ostili a Seneca; un lettore di Dione la aggiunse ed interpolò nel passo LXI, 10 dello storico greco, con queste parole: « Non bastò a lui commettere adulterio con Giulia, nè ritornò migliore dall' esilio, ma volle aver rapporti pure con Agrippina ». E ad ogni modo, quando pur si ammetta che la notizia non si debba a malignazione del volgo, ma risponda a verità, rimane pur da vedere quale dei due, se Seneca o Agrippina fosse vittima della seduzione dell' altro; ed ogni più legittima presunzione porta a credere che la vittima fosse Seneca.

Di lì a cinque anni, nel 54 dopo Cristo, Claudio morì di veleno; e gli storici raccolsero pure dalla voce popolare che l' avvelenamento fosse procurato dalle malvage arti di Agrippina (1). Questa forse per avocare da sè ogni sospetto, si adoperò perchè a Claudio fossero decretati onori divini e trovò a ciò docile il Senato (2). Claudio dunque adorato come un Dio! Nerone stesso, successogli, dolosamente forse, nell' impero, ne motteggiava: e poichè Claudio era morto per aver mangiato dei funghi velenosi, Nerone chiamava i funghi cibo

---

scoliaste di Giovenale a V, 109: « *in Corsicam relegatus post triennium revocatus est* » è da correggere: « *post VIII annium* ». Seneca ottenne probabilmente la pretura (Tac. *l. c.*) nel gennaio dell' anno 50.

(1) Tac. *Ann.* XII, 67. Cfr. Ioseph. *Arch.* 20, 8, 1: καὶ λόγος ἦν παρά τινων, ὡς ὑπὸ τῆς γυναικὸς 'Αγριππίνης φαρμάκοις ἀνῄρητο.

(2) *Ann.* XII, 69.

degli Dei, perchè anche Claudio, a cagione appunto dei funghi, era diventato Dio (1). Questa deificazione del sanguinario imperatore mosse a sdegno Seneca, e gli dette occasione a scrivere una satira feroce. E certo, se egli l'avesse scritta a solo sfogo rabbioso di postuma vendetta, noi potremmo chiamar senz'altro viltà quest'azione sua. Ma a chiunque legga con animo spregiudicato l'operetta famosa, apparirà ben altro. Contro la viltà ignominiosa del Senato si leva vivace e terribile la rampogna di Seneca: del Senato che aveva acconsentito a onorare quale Dio un uomo, il quale aveva ucciso il suocero suo Appio Silano, aveva ucciso due generi, Magno Pompeio e Lucio Silano, e il suocero e la suocera della figlia sua e la moglie propria Messalina, (2) e trenta Senatori e duecento cavalieri romani e tanti altri, dice Seneca, (3) quanti sono i granelli di sabbia e di cenere. Di fronte a questo spettacolo vilissimo di degenerazione e di abiezione dato da quel consesso che pur doveva rappresentare il supremo baluardo

---

(1) Dione, LX, 35. Tacito, (*Ann.* XII, 69), Svetonio (*Cl.* 45), Dione (LXI, 1, 1-2) narrano le arti dolose, con le quali Nerone si assicurò la successione. Essi seguono in ciò la versione di Plinio. Conviene però notare che Nerone a cagione dell' adozione era il maggior figlio di Claudio e perciò erede del trono. Cfr. Gercke, *Seneca-Studien*, p. 259.

(2) *Apocol.* 11.

(3) *Apocol.* 14. Questo paragone iperbolico coi grani di sabbia era comunissimo in tutta l'antichità. Cfr. *Iliade* II, 800; IX, 385; Pindaro; *Ol.* II, 179; *Pyth.* IX, 84; Callimaco, *Hymn. Dian.* 253, Catullo, VII, 3 sg. Si tratta dunque di una frase tipica, la cui esagerazione non prova niente contro la verità generica del fatto.

delle istituzioni romane, sarebbe stata colpa il silenzio. E Seneca evoca la figura maestosa e solenne del vecchio Augusto, anch' egli onorato qual Dio e fa che in mezzo al divino concilio pronunzii ben gravi parole: « Io non posso, dice Augusto (1), più a lungo dissimulare, nè posso più contenere il mio dolore, resomi più grave dalla vergogna. Per giungere a questo dunque io ho procurata la pace per terra e per mare? Per questo ho represso le guerre civili? Per questo ho dato alla città fondamento di leggi e l' ho adornata di monumenti, per dover poi.... ma non trovo le parole: niuna parola si agguaglia allo sdegno mio. E debbo ormai ricorrere al motto di Messala Corvino: mi vergogno dell' imperio... Costui che voi vedete, nascostosi per tanti anni sotto il nome mio, mi ha ricompensato così: con l' uccidere le mie due pronepoti, l' una di ferro, l'altra di fame, con l' uccidere il mio terzo nepote, Lucio Silano, unico rimastomi..... E tu, divo Claudio, tu, dimmi, perchè hai tu condannato tutte coteste vittime tue, prima ancora d' istruire le cause, prima ancora di ascoltarli? Dove si suol fare cotesto? Certo non si fa nel cielo ».

Così questa satira, col rampognare ai Senatori l' obbrobrio e l' avvilimento estremo, assurge ad un alto intendimento civile. Non si ha qui il ghigno infame d' imprecazione e di vendetta contro un morto, ma si ha il grido di angoscia di chi vede pervertito quel consesso, che era la suprema speranza di Roma.

---

(1) *Apocol.* 10.

***

E vennero gli anni di Nerone. Ammettono tutti che gl'inizii di quel governo furono di rettitudine e di giustizia, e ciò per merito esclusivo dei due uomini che avevano la suprema autorità in Roma, Affranio Burro ed Anneo Seneca; e l' ammettono anche gli storici che a Seneca furono più sistematicamente ostili, Tacito, (1) e Dione (2). Ma ben presto Agrippina fu gelosa del potere di quei due uomini. Ambiziosa, capricciosa, corrotta ad ogni libidine e ad ogni vizio, trovava nell' onestà loro un ostacolo, nella loro austerità, nel loro severo cipiglio vedeva un rimprovero. Ed Agrippina spiegava tutte le arti di feminile astuzia per accogliere nelle sue mani ogni potere e tenere prono ai suoi voleri l' imperatore. E adoperava a tale uopo il liberto Pallante, perdutissimo uomo e che con la stessa arroganza sua moveva a fastidio (3). Contro le invadenze tiranniche di costoro si accese la lotta (4). Le cose precipitarono su questa china. Quanto più Nerone si liberava dal giogo materno, tanto più Agrippina fremeva di rabbia, concepiva incomposti disegni, ordiva orribili trame. Infine Nerone tolse ogni ufficio ed ogni potere al liberto Pallante. Fu il tracollo. Agrippina non si contenne più: proruppe ad ogni impeto di minacce. Era ancor vivo Britannico: ella, ella stessa

---

(1) *Ann.* XIII, 2.

(2) LI, 4.

(3) Tac. *Ann.* XIII, 2.

(4) Tac. *ivi.*

sarebbe andata con lui in mezzo ai soldati: si sarebbe veduto chi dovesse avere il dominio, se la figlia di Germanico, oppure Seneca e Burro, l'uno vacuo declamatore, l'altro mutilato della mano (1). E in mezzo alle minacce poneva ancora le lusinghe, le imprecazioni, le preghiere, i vituperii, tutte le furie insomma e tutte le supplicazioni invocanti di una donna forsennata e folle di rabbia. E tra tutto questo un orribile, inconcepibile disegno, cui due volte accenna Tacito (2): quello d' invescare Nerone nelle spire di una passione incestuosa, per averlo prono ai suoi voleri. Nerone separò la propria casa da quella della madre; e di lì in poi non si recò a visitarla, se non per breve tempo e circondato da una turba di centurioni (3). La solitudine e il silenzio si fecero attorno alla decaduta donna; e fu silenzio solo rotto dalle accuse terribili che le si facevano, che ella tramasse contro Nerone (4). Questi, folle di paura ed avido di vendetta non ebbe più tregua. Un orribile disegno gli ottenebrò la mente, con l' ossessione paurosa e tormentosa delle grandi scelleraggini: bisognava spegnere la madre: se per veleno o per ferro o con altro mezzo, ei non sapeva decidere.

Io non istarò qui a rammentare i particolari dell' orrendo delitto, con sì vivi colori descritti da Tacito nel libro XIV dei suoi *Annali*. Il tentativo di far perire Agrippina, facendo sfasciare in alto mare la trireme su cui ella era a diporto, fallì.

(1) Tac. *Ann.* XIII, 14.

(2) *Ivi* XIII, 13; XIV, 2.

(3) *Ann.* XIII, 18.

(4) *Ivi* XIII, 19 sgg.

SENECA

Nel trambusto e nello scompiglio del momento terribile, mentre i marinari, riversandosi tutti da un lato, tentavano l'estremo partito di far sommergere la nave, e i familiari di Agrippina cercavano lo scampo e cadevano uccisi a colpi di palo e di remo, Agrippina si nascondeva, fino a che gettatasi a nuoto, raggiunse una barca peschereccia e traghettò su quella il lago Lucrino, giungendo alla sua villa. Nerone all' annunzio della sua salvezza allibì di spavento: non avrebbe ora ella attuato le minaccie antiche? Non sarebbe corsa in mezzo al popolo ed ai soldati, ad agitare la face della vendetta contro di lui? E chiamò a consiglio Seneca ed Afranio. Perchè egli si rivolgesse proprio a costoro, è facile indovinare. Qualche tempo prima, nel furore di un'orgia era stato portato a Nerone l'annuuzio che Agrippina eccitava a ribellione i servi ed i soldati: folle di paura, egli aveva ordinato ad Afranio di muovere coi pretoriani contro l'infida donna ed ucciderla. Afranio si oppose: bisognava accertare i fatti, dar modo ad Agrippina di discolparsi: qualora fosse risultata rea, allora, sì, sarebbe stata punita di morte. Il dì seguente si recarono ad interrogare Agrippina, Seneca ed Afranio, ma finirono con l' escludere l'accusa. Or Nerone li mandava a chiamare nuovamente entrambi, simulando nuove prove e testimonianze della sua colpa: ora, sì, bisognava punire l'audace ribelle e salvare l' imperatore.

Seneca stette grave e silenzioso; poi levò sopra Afranio un lungo sguardo, forse di rimprovero, perchè probabilmente ad Afranio appunto l' imperatore rammentava la promessa di punir la ribelle: Afranio si negò d'incitare i pretoriani all'orribile scempio. E lo scempio fu poi compiuto dal liberto Aniceto, che aveva ordito la prima trama: circondata con una mano di soldati la villa di Agrippina, uccisi gli schiavi, egli irruppe nella camera, ove al chiarore di fioco lume era Agrippina con una sola ancella; e l' irrompere e il calare un colpo di mazza sulla testa e il brandire il ferro per ucciderla, fu tutto un punto solo. Ferisci qui, disse la moribonda, mostrando il ventre, perchè questo portò Nerone. (1) Compiuto il misfatto, Nerone ne comprese tutta la tragica grandezza. Raccontano che nelle notti egli sbalzasse spaurito, agitandosi, torcendo lo sguardo, e che gli sembrasse udire clangori minacciosi di trombe e lamenti dal sepolcro materno. (2) Seneca cercò a poco a poco di allontanarsi da quella corte delittuosa. E come più Seneca si allontanava, più Nerone si abbandonava senza freno alle sue follie, più cercava di stordire i suoi rimorsi nelle ebbrezze dei piaceri. La passione degli spettacoli tutto lo invase. Egli volle essere cantore ed istrione. Seneca ed Afranio fecero ancora gli ultimi tentativi, per salvare la dignità dell'impero. Ma Nerone rispondeva che tali esercizî della scena e del circo erano stati praticati dai re e dagli antichi eroi e celebrati dai poeti e dati ad onore degli Dei. Apollo stesso proteggeva i canti ed in veste da cantore era onorato, non nelle città solo della Grecia, ma pur nei templi romani. E con tali sofismi passò oltre; e pensando diminuire

(1) *Octavia,* 570 sgg.

(2) Cfr. *Ann.* XIV, 10; Dione LXI, 14, 4. Tacito parla solo della residua parte di quella notte fatale *(reliquo noctis)*; Dione dice al plurale ταῖς τε νυξίν.

l' onta propria col farne partecipi le più nobili famiglie, trasse all'ignominia del circo i primarii cittadini. Afranio, tuttochè mortificato e dolente, dovè, per volere del tiranno, seguirlo sulla scena con una coorte di soldati, con centurioni e tribuni. (1) E Seneca si decise di lì a poco a un atto di grande energia e che non era senza pericolo. Chiese a Nerone un' udienza, e come gli fu al cospetto, gli parlò a lungo, rammentandogli l'età propria ormai già declinante e la malferma salute, e chiedendogli licenza di ritirarsi a più riposato vivere. E poichè egli avea ricevuto dall'imperatore immense ricchezze, chiedeva di grazia che gliene togliesse il peso. Egli ormai era impari alle cure dell'amministrarle e voleva piuttosto destinare quel tempo alle occupazioni dell' intelletto; si riprendesse i beni suoi e lasciasse lui nella sua condizione tranquilla e modesta. Rispose Nerone, tra sarcastico e cortese, rinunziando l' offerta: non la moderazione di Seneca, disse, ma l' avarizia e la crudeltà di Nerone sarebbero sulla bocca del popolo, se egli accettasse. E quando pur Seneca fosse certo di acquistare lode presso il popolo, sarebbe opera da saggio cotesta, aspirare ad una lode, onde potesse venire infamia ad un amico? A Seneca non rimaneva che ringraziare e ritrarsi. E si chiuse di lì in poi in una sdegnosa accorata solitudine, evitando ogni compagnia di conoscenti e tutto dedicandosi agli studi prediletti. (2) Ma....,

(1) Ann. XIV, 15. V. anche capo 14.

(2) Tacito, *Ann.* XIV, 53-56. Suetonio (*Nero*, 35) dice che spesso (*saepe*) Seneca aveva pregato Nerone che gli consentisse di ritrarsi dalla vita pubblica e di cedergli tutti i beni. Probabilmente il suo ritiro dagli affari avvenne non brusca-

le ricchezze di Nerone! Ecco un' altra colpa che la posterità non perdona a Seneca. Egli le accettò e per lungo tempo le ritenne benchè provenissero dalla impurissima fonte. Ed anche Tacito sembra fargliene velata, ma acerba, rampogna. Raccontata infatti la morte di Britannico, egli narra come Nerone, quasi per far tacere con insperati favori le voci di sospetto e di accusa, si desse a largire immense ricchezze e che anche uomini, i quali facevano professione di austera vita ebbero parte di quella preda (1). Allude, si crede, appunto a Seneca e ad Afranio. Ma ora che abbiamo sentito l' accusa è giusto porgere anche l' orecchio alla difesa. E la difesa ci è fatta indirettamente da Seneca stesso nel suo trattato *De Beneficiis.* (2) « Alcune volte, egli dice, anche contro la volontà nostra dobbiamo accettare un beneficio: quando lo dà un tiranno crudele ed iracondo, che reputerebbe ingiuria che tu disdegnassi il dono suo. Non dovrò allora io accettare? Poni allo stesso livello un assassino, un pirata ed un re che abbia animo di assassino e di pirata. Che dovrò fare io dunque? Egli però non merita che io gli rimanga obbligato. Quando io affermo che tu devi scegliere la persona, per la quale possa tu avere riconoscenza, esclu-

mente, ma lentamente e prima dell'anno 64, giacchè già al principio dell'anno 63 si manifestava l'animosità di Nerone (cfr. Ann. XV, 23, *gloria egregiis viris et* PERICULA *gliscebant;* e v. Gercke, *Seneca—Studien*, p. 273 segg.) La rottura definitiva avvenne dunque con molta probabilità nell' anno 62 giacchè alla fine di quell'anno Seneca occupò il suo *otium*, cominciando le *Naturales Quaestiones* (cfr. Gercke, *o.c.* p. 274).

(1) *Ann.* XIII, 18.

(2) *De Benef.* II, 18.

do il caso di forza maggiore o di pericolo; se questo è, ogni scelta vien meno. Se invece sei libero, se è in tuo potere il volere o no, allora solo potrai ponderare la tua scelta. Ma se sei costretto ad accettare, sappi che la tua non è accettazione, è obbedienza. Niuno ha obbligo per avere accettato ciò che non gli era lecito rifiutare ». Eh via! Seneca conosceva bene Nerone; perchè non dovremmo credergli? Quel che importa vedere è se egli si sia mostrato avido di quelle ricchezze, se abbia gavazzato in esse, se per esse abbia cresciuto fasto e potenza. Giacchè la dottrina di Seneca non è già che non sia lecito essere ricchi, ma che essendo ricchi convenga in tal modo vivere da potere in ogni contingenza bastare a sè stessi e rinunziare senza rimpianto a tutti i beni che la fortuna può dare, ma può anche togliere. (1) Attuò egli nella vita questa sua dottrina, o fu veramente, come tanti vogliono, scettico gaudente e vacuo declamatore? All'amico Lucilio egli consigliava così: (2) « Di tanto in tanto passa qualche giorno accontentandoti di pochissimo e vilissimo cibo, di dura ed orrida veste, e di a te stesso: era questo dunque che io temevo tanto? Nella stessa tranquillità l'animo si prepari contro i casi avversi: pur tra i sorrisi della fortuna, si afforzi a sopportarne le ingiurie.... Se tu vuoi che alcuno non sia trepidante nel pericolo, avvezzalo ad affrontarlo. Tal precetto seguirono appunto coloro che in ciascun mese vollero far prova di povertà, spingendosi sin quasi all'indigenza, per non aver mai a temere quello

(1) *Epist.* 18.
(2) *Epist.* 18.

di cui avevano fatto spesso esperimento..... Accontentati dunque di un povero letticciuolo, di un saio, di un pane duro e nero e sopporta questa vita per tre o quattro giorni e qualche volta per più ancora, e non per capriccio, ma per prova; allora credimi, Lucilio mio, tu esulterai di poterti saziare con così poco e comprenderai che per essere tranquilli non v' è d' uopo di fortuna ». Evidentemente chi così scrive vuol significare aver provato sopra sè stesso la verità dei precetti suoi. E noi abbiamo infatti la prova storica che tale austera disciplina Seneca praticasse. Tacito ci dice (1) che verso gli ultimi giorni suoi Seneca aveva il corpo esausto a cagione del poco cibo di cui si nutriva. Eccolo dunque, questo gaudente, quale comunemente si raffigura, divorato dalla cupidigia delle ricchezze, dei piaceri, della potenza: eccolo, che fugge le umane compagnie, che rinunzia a tutti gli onori, che in mezzo alle agiatezze sue vive vita di parsimonia e quasi di povertà, e che infine, quando sente che quelle ricchezze gli sono un peso molesto e lo avvincono quasi ad un uomo che va sempre più giù per gli abissi del delitto, tenta liberarsi di quel peso, restituire quelle ricchezze, vivere povero, ma libero, ma immacolato. In verità i posteri sono stati bene ingiusti con quest'uomo, raccogliendo le livide accuse dei suoi nemici.

Liberata dal contatto fatale del mostro, sprezzante ormai del pericolo supremo, anzi ferma ed im-

(1) *Ann.* XV, 63.

pavida ad affrontarlo, si protrae la placida, ma accorata vecchiezza del solitario filosofo. Intorno a lui, chiusosi nel suo sdegnoso ritiro, si andava facendo il deserto.

Ma Seneca sapeva che cosa pensare degli amici e in una delle epistole morali si legge: (1) « Quando si è nel fiore della potenza, una turba di amici ti circonda; quando si è caduti, tutto è solitudine d' intorno. Gli amici fuggono di là, dove l' amicizia è messa a prova. E si presentano perciò tanti nefasti esempi: altri abbandona gli amici per timore, altri per timore li tradisce ». Ad ogni modo, nel suo desolato raccoglimento e nella sua triste esperienza, il nostro filosofo seppe trovare la virtù per confortarsi alle ultime prove della vita. La sua dottrina gli suggeriva l' arcano, prodigioso rimedio: bastare a sè stessi, da sè stessi attingere ogni soddisfazione, ogni gioia, ogni virtù di resistenza, ogni fierezza di rinunzia. E la sua figura perciò si eleva ai nostri sguardi e intimamente ci commove: poichè egli soffrì tutti gli acuti tormenti del dolore umano e non se ne lasciò deprimere; fu adescato da tutte le seduzioni del piacere, della potenza, della grandezza e di tutte seppe liberarsi,

---

(1) *Epist.* 9, 9. Dei tradimenti e delle simulazioni dei falsi amici Seneca era ben esperto. Molto espressivo è a tal proposito un suo frammento sull' amicizia, che è tra quelli che il Niebuhr nel 1820 trasse da una pergamena della Biblioteca Vaticana (fr. 96 Haase): « *Magnos humanum pectus recessus habet, quod voltu quo placet virtus, eo fraus adumbratur, et cogitationibus pessimis facies benignissima obducitur: nec facile nisi peritus intellegas quid intersit inter animum amici et colorem* ».

scuotendone il giogo fatale; conservò il culto dell' amicizia, pure quando vide d' intorno il tradimento; passò in mezzo a tutte le abbiezioni, le frenesie del vizio, gli abbrutimenti del delitto, e non se ne lasciò contaminare, e seppe essere buono, generoso e grande.

Gli ultimi tre anni Seneca passò in una attività continua e feconda di opere, e scrisse le migliori pagine sue. Troppo lungo discorso si richiederebbe a parlar degnamente delle opere e specialmente di quelle scritte in prosa. Una prosa agile e snella, che segue dappertutto il pensiero, e vi si unifoma e vi si adatta: ed or ne adombra i sottintesi, or ne illumina le profondità, or ne fa balzare le arguzie; una prosa cui ora dà vivacità l' antitesi o l' esempio, or dà gravità il sentenziare austero, or dà spigliatezza l' aneddoto, or dà calore di sentimento l' espressione degli affetti. La lingua stessa non ha più tutto quello che di aulico, di convenzionale, di metodico aveva la lingua dei prosatori anteriori; assume movenze più libere, acquista più tonalità di colori, or tenera, or grave, or guizzando nel motteggio salace, or levandosi a solennità tragica. Roma non aveva avuto mai una prosa di tal genere. I giovani ne furono come affascinati. « È quasi il solo scrittore che sia nelle mani degli adolescenti » ci attesta Quintiliano (1). E Quintiliano stesso, pur riconoscendone i pregi, non sa celare il suo scontento per tal preferenza: « l' eloquenza sua è per lo più difettosa, egli dice (2), ed è tanto più perniciosa,

(1) X, 1, 125.

(2) X, 1, 129. Giudizio sfavorevolissimo sulla eloquenza

in quanto abbonda di vizii allettatori. » Se poi si vorrà sapere quali questi vizii siano, sarà facile scorgere che per Quintiliano sono vizii tutti quei pregi che conferiscono varietà, vivacità, gaiezza, brio allo stile di Seneca.

Quel che più ci fa meraviglia in Seneca è, per dir così, la modernità delle sue idee, giacchè molto spesso, leggendo gli scritti suoi, ci par d'imbatterci in un uomo che viva della nostra vita e si agiti tra le nostre lotte. Ma siamo vinti da un falso preconcetto noi, quando parliamo di modernità. I grandi scrittori e i grandi pensatori sono in realtà di tutti i tempi, giacchè essi scoprono un lembo della verità eterna; noi, leggendoli, ritroviamo in essi parte del pensiero nostro, della coscienza nostra, e li chiamiamo moderni. Il convincimento che tutta la umanità sia come una sola immensa famiglia suscita nelle parole di Seneca immagini di persuasiva efficacia. « Noi siamo, egli dice, come membra di un corpo solo. La natura ci fè congiunti, ci fè nascere dai medesimi principii e pel medesimo fine. La natura ci diè l'istinto del reciproco amore e della vita sociale. Essa è il fondamento della equità e della giustizia. Essa ci fa sentire esser

di Seneca pronunziava l' invidioso Caligola (Suet. *Calig.* 53), il quale, com' è noto, voleva farlo uccidere e lo risparmiò solo, perchè gli si fece osservare ch'egli non godeva di buona salute e presto sarebbe morto (Dione LIX, 19). Gellio (XII, 2, 1) riporta sulla eloquenza di Seneca due giudizii, di cui il secondo è temperato di lode e biasimo, ma il primo è recisamente ostile. Sfavorevole è pure il giudizio del retore Frontone (p. 155 N.). V. la trattazione del Gercke, *Seneca—Studien (Fleck. Jahrb., Suppbd* 22, 1896, p. 133-158: *Urtheile ueber Senecas—Stil.*)

molto meglio per noi ricevere il male che farlo. Essa ci comanda di porgere le mani soccorrevoli al bisogno.... La società è come una vôlta, che si sfascerebbe tutta, se una pietra non facesse di puntello all'altra. » (*Epist.* 95, 52). Con tali principii è naturale che egli stimi delitti le guerre (*Epist.* 95, 30), e che a proposito degli spettacoli sanguinarii malinconicamente esclami (ivi, 33): « L'uomo dovrebbe esser sacro per l'uomo, ed ora invece si uccide per giuoco e diletto. Dovrebbe esser delitto l'ammaestrare l'uomo a dare e ricevere ferite ed invece lo si presenta nudo ed inerme e si fa spettacolo della sua morte ».

Un largo sentimento adunque di pietà e di amore umano aleggia su tutta l'attività filosofica di questo grande. A proposito di quell'obbrobrio sociale, che era l'istituzione della schiavitù, egli ha parole di commossa veemenza. « Sono servi, egli dice, (1) ma uomini; servi, ma compagni nostri; servi, ma nostri umili amici: servi, ma consorti della servitù nostra, sol che si consideri un momento qual potere abbia la fortuna su noi e su loro ».

Il quadro della vita, quale ci è presentato nelle opere di Seneca ha un fondo tetro di dolore. Tutta la sua filosofia è un tentativo continuo di rafforzare l'animo contro le ingiurie della sorte e della iniquità umana, è una preparazione dell'uomo agli estremi cimenti. Si deve vivere in mezzo ai propri beni, in mezzo alle cose più care, come se ad ogni momento queste dovessero lasciarci, come se ad ogni momento la vita stessa dovesse venirci meno.

(1) *Epist.* 47.

« Con animo lieto ed ilare, egli dice, (1) dobbiamo chiudere la nostra giornata, dicendo: ho vissuto, ho compiuto il mio corso vitale. Ascriviamo a guadagno il domani, se Dio ce lo largirà ». Con serena rassegnazione e con animo pacato questi spiriti dolenti andavano incontro al fato che li aspettava. Non un rimpianto, non un lamento, non una voce di tenerezza, che tradisse l' interna commozione dell' animo: essi andavano incontro alla libertà, incontro al novissimo giorno. La morte solo li sottraeva al giogo delle imperiali nequizie, alle arti vilissime degli accusatori, alle persecuzioni selvagge dei nemici. « La legge eterna, dice Seneca, (2) non ha disposto nulla meglio di questo, che uno sia il modo per entrare nella vita e molti siano i modi per uscirne. Ed io, aggiunge, dovrei aspettare che mi uccida la crudeltà di una malattia o di un uomo, quando posso di mezzo alle sofferenze uscir vittorioso? » E poco dopo: (3) « picciol ferro basta per aprirci la via a quella grande libertà, con una sola lieve puntura possiamo assicurarci una vita tranquilla. » Così altrove (4) ritorna con cupa insistenza a questo pensiero dell' agognata libertà d' oltretomba: « Vedi quel precipizio? Per quello si discende alla libertà. Vedi quel mare, quel fiume, quel pozzo? La libertà sta nel loro fondo. Vedi quell' albero piccolo, mal fatto, sterile? Da esso pende la libertà. La tua gola, il tuo cuore, possono essere le vie per isfuggire la

(1) *Epist.* 12, 9.
(2) *Epist.* 70, 14.
(3) *Ivi,* 16.
(4) *De ira* III, 15.

schiavitù. Ma sono troppo dolorose queste vie e richiedono troppa forza e coraggio? Cerchi tu quale sia il mezzo per giungere alla libertà? Una vena qualsiasi del corpo tuo. »

Ma la morte per Seneca non era solo la libertà. Il vecchio desolato irradiava le tenebre d'oltretomba con celestiali speranze, estasiandosi nel pensiero della verità eterna, che egli avrebbe conosciuta, della divina purissima luce, onde sarebbe venuta letizia alla sua nuova esistenza. Al diletto amico Lucilio (1) così scriveva: « Ti si disveleranno gli arcani della natura, si dissiperà cotesta caligine che or ti circonda, ti ferirà una luce chiarissima. Immagina teco come debba essere vivido quel fulgore di tante stelle che insieme confondono il loro lume. Niun' ombra turberà quel sereno: da ogni parte ugualmente splenderà il cielo; notte e giorno sono solo vicende di questo nostro bassissimo aere. Allora riconoscerai d' esser vissuto nelle tenebre, quando con tutto te stesso vedrai intera quella luce che or per gli angustissimi meati degli occhi oscuramente intravedi, eppure ammiri da lontano: che cosa ti sembrerà quella divina luce, quando la vedrai là, nel cielo? ».

Così Seneca si esaltava in fulgide speranze, in mistici rapimenti e si preparava ad affrontare il gran giorno con animo sereno. Il messo di Nerone lo raggiunse in una villa suburbana, verso sera, mentre Seneca era a cena con la moglie e con due amici. (2) Introdotto, espose l' accusa, che a Seneca si faceva, di segreti concerti con Pisone,

(1) *Epist.* 102.

(2) Tac. *Ann.* XV, 60 sgg.

il capo della congiura ordita contro la vita dello imperatore. Seneca fieramente negò di aver preso parte alla congiura; (1) e pregò il tribuno di rammentare a Nerone come egli non avesse animo pronto a mentire, per adulazione o per servilità. Tornò il tribuno a Nerone e riferì a lui, dinanzi a Poppea ed a Tigellino, la risposta di Seneca. Interrogato da Nerone se Seneca si disponesse a morire, rispose non avere scorto nelle parole o nell' aspetto di lui alcun turbamento, alcuna tristezza. Nerone gli comandò tosto di tornare indietro e d' intimare a Seneca la morte (2). Tornò il tribuno, ma non ebbe egli stesso il coraggio di presentarsi dinanzi a Seneca; mandò uno dei suoi centurioni a dargli l' ordine fatale. Quegli, senza scomporsi, chiese le tavole del testamento; e poichè gli fu risposto essergli ciò vietato, si rivolse agli amici presenti e, « poichè non mi è dato, disse, attestarvi altrimenti la riconoscenza mia, vi lascio quel che solo posso, l' immagine della mia vita virtuosa. » Gli amici non trattennero le lagrime; e Seneca li consolava or con parole amorevoli, or con severi rimproveri. Avevano per tanti anni, diceva, rafforzato l'animo nei precetti della sapienza contro l' iniquità della sorte

---

(1) Tacito in *Ann.* XV, 61 fa credere Seneca estraneo alla congiura, ma in XV, 65 raccoglie la voce opposta. Dione (LXII, 24) e Polieno (*Strateg.* 8, 62) lo fanno partecipe. Ad ogni modo Nerone era eccitato contro Seneca da grandi sospetti e da gelosie, che i suoi consiglieri rinfocolavano con ogni malvagità. V. Tac. *Ann.* XIV, 52; ivi, 65.

(2) Tac. *Ann.* XV, 61. Cfr. Dione LXII, 24, Suetonio, *Nero*, 35.

ed ora la loro virtù veniva meno? Abbracciò poi la moglie e la pregò che desse tregua al dolore e nella memoria della sua vita illibata cercasse qualche conforto alla sventura. Ella invocò per grazia che le fosse consentito di morire insieme con lui, nè desistè dall' indomito proposito. Uno solo fu il colpo che recise le vene delle loro braccia. Ma dal corpo di quel vecchio esausto usciva a stento il sangue: altre vene egli recise, per affrettare la morte. Negli estremi momenti sentì riaccendersi il vigore dell'intelletto e chiamati gli scrivani dettò parole, che al dir di Tacito, divennero popolari. Alla moglie intanto, trasportata in altro cubicolo, fu, per ordine di Nerone, impedita la morte. Seneca vedendo non bastargli le molte ferite ad affrettargli l' agognato momento, bevve una pozione di veleno; e poi, fattosi trasportare in un bagno di acqua calda, ne spruzzò i più vicini dei servi, dicendo che egli libava quell'acqua a Giove Liberatore. Passato di là in un bagno di vapori caldi, gli vennero a poco a poco meno gli spiriti vitali; smarrì i sensi e si addormentò, placidamente, nel sonno della morte. (1).

Nel Museo di Berlino una delle più pregiate opere antiche è una doppia erma, che da una parte ha il busto di Socrate e dall' altra quello di Seneca: una figura dai tratti vigorosi e pure piena di espressione semplice e bonaria. L' antico artista, o chi ispirò l'opera sua, volle certo a quel congiungimento delle due storiche figure dare un

(1) Per la narrazione della morte di Seneca Tacito (*Ann.* XV, 61-64) attinse principalmente a Fabio Rustico; cfr. A. Gercke, *Seneca-Studien*, p. 270-2.

profondo significato: nè credette peccare d' irreverenza verso la maestosa figura di Socrate: volle onorare due vite, tormentate dal desiderio incessante del bene e dilaniate dalle più nere calunnie; volle onorare due morti, memorabili per coraggio imperturbato e per serena grandezza: due morti nobilisime, che furono suggello a due nobilissime vite.

LA PRETESA VILTÀ DI SENECA

Tutte le informazioni ostili a Seneca contengono sempre qualche tratto onde ci è dato vedere quanto sia infida la fonte e come l' informazione stessa sia più una presunzione che una notizia di fatto e sia dovuta più all' amore di una tesi che all'amore della verità. Dione o la sua fonte è tra gli ostilissimi a Seneca, (1) ma la preoccupazione della tesi già fatta è evidente in lui. E la sua tesi è questa: dimostrare la contraddizione tra gli atti di Seneca e i suoi precetti. Ma noi non possiamo abbandonarci al suo apprezzamento morale, quando leggiamo ad es. in lui (LXI, 10) « Seneca, accusatore di tirannide, divenne egli stesso maestro di tiranni. » La ferocia di Nerone sarà dovuta dunque all' insegnamento di Seneca?! E lo scrittore continua: « egli che biasimava gli adulatori, lusingò così Messalina e i liberti di Claudio, da mandare ad essi dalla Corsica un libro conte-

(1) Cfr. Von Gutschmid, *Kl. Schr.* V, 357. La fonte di Dione è Plinio; cfr. A. Gercke, *Seneca-Studien*, p. 165 e segg.

nente le loro lodi, libro che poi per vergogna distrusse. » Anche qui è evidente l'amore del contrapposto : Seneca che biasima gli adulatori e che è adulatore egli stesso e tanto più vile adulatore inquantochè contro Claudio si scagliò solo dopo la morte, enumerandone tutti i delitti. Noi non intendiamo naturalmente sostenere che Seneca non abbia potuto dalla Corsica mandare sollecitazioni agli amici, perchè gli ottenessero il condono della pena ; intendiamo solo affermare che cotali sollecitazioni , pur supposto che fossero contenute in termini leciti ed onesti, diventavano subito, sulla bocca degli accusatori, un documento di viltà, anzi un intero libretto di adulazioni inverecondo.

È opinione di molti dotti che il libretto cui accenna la notizia di Dione sia la *Consolatio ad Polybium* che ancor conserviamo. La menzione di Messalina poteva esser contenuta nel principio, ora perduto, dell'opera. Falsa sarebbe quindi la notizia che Seneca stesso avesse distrutto l'opera: lo autore che fu fonte a Dione (Plinio) non lesse questa *Consolatio* tra le opere di Seneca, perchè la edizione completa dei *Dialoghi* non era ancora formata. Altri (Diderot) opinò che lo scritto genuino fosse perduto e che al posto suo si fosse insinuata questa *Consolatio ;* ma l' ipotesi non ebbe seguito.

Il libro è diretto al liberto Polibio, che era segretario " a libellis " ed a " studiis " della casa imperiale, ed è composto per consolarlo della perdita di un fratello. In questo opuscolo si loda, sì, la clemenza e la giustizia dell' imperatore (cap. 13). Ma è giusto non dimenticare che l' accenno alle guerre in Britannia ci porta evidentemente all'anno 43 d. C., cioè al terzo anno dell' impero di Claudio. Ora è noto a tutti che nei primissimi anni Claudio dette esempio di buone opere: largì amnistia generale, non volle onori nè titoli, contenne le pubbliche spese, rispettò il Senato, onorò i magistrati, fu solerte nel rendere giustizia.

Quando si consideri dunque il tempo in che fu scritta, la *Consolatio ad Polybium* non rappresenta un' ombra nel carattere morale di Seneca. Egli non adulò un delinquente, ma sperò giustizia da un uomo, i cui primi atti avevano empito di soddisfazione tutti i buoni.

Ma le lodi di Claudio ritornano anche in altra occasione, in occasione cioè della morte dell' imperatore. E l' accusa comunemente accolta e diffusa è che Seneca abbia scritto l' orazione in lode di Claudio e Nerone l' abbia recitata. Poichè Nerone era giovinetto di 17 anni e doveva fare le prime prove in pubblico, pare molto naturale che, forse per volere di Agrippina, egli abbia seguito i consigli del suo maestro. Or si noti: Cassio Dione (LXI, 3) parla di due orazioni di Nerone per Claudio, una dinanzi ai soldati, l'altra dinanzi al Senato. L' una e l' altra, secondo Dione, furono composte da Seneca; ma Dione non dice che l' una o l'altra contenessero lodi di Claudio; dice solo che Nerone promise ai soldati i donativi che già aveva largito Claudio.

Tacito (*Ann.* XIII, 3 e 4) parla di due orazioni, l' una tenuta nel giorno dei funerali di Claudio, l' altra tenuta dinanzi al Senato; di questa seconda non dice che fosse composta da Seneca, il che è affermato invece da Dione, nè che contenesse lodi di Claudio; della prima invece e cioè della *laudatio funebris* per Claudio, così dice (XIII, 3): « *Dum antiquitatem generis, consulatus ac triumphos maiorum enumerabat, intentus ipse et ceteri; liberalium quoque artium commemoratio, et nihil regente eo reipublicae triste ab externis accidisse, pronis animis audita; postquam ad providentiam sapientiamque flexit, nemo risui temperare, quanquam oratio a Seneca composita, multum cultus praeferret: ut fuit illi viro ingenium amoenum et temporis eius auribus accomodatum* ».

Abbiamo dunque dagli storici ricordo di tre orazioni sopra Claudio, pronunziate da Nerone in tre diverse occasioni, quella dinanzi al feretro, quella tenuta ai soldati e quella tenuta al Senato: tutte e tre sarebbero state composte da Seneca. Di queste l'ultima, dalle notizie che se ne hanno in Tacito, *Ann.* XIII, 4 mostra veramente essere opera di un uomo di senno e di esperienza matura, tanta è l'altezza e l'onestà dei propositi che vi è manifestata.

E si comprende bene del resto come il discorso dinanzi al senato desse preoccupazione maggiore all'imperatore diciassettenne e alla madre, e come quindi essi credessero opportuno porre a profitto la provetta esperienza di Seneca. Suetonio (*Nero* 10) dice che Nerone promise regnare secondo i precetti di Augusto; (1) è un tratto questo che direttamente ci riporta a Seneca, che adduceva appunto il regno di Augusto come modello di giustizia e di prudenza: anzi la figura di Augusto si eleva severa nell' *Apocolocyntosis* in contrapposizione

(1) Tacito vi allude (XIII.4), « *consilia sibi et exempla capessendi egregie imperii memoravit.* »

a quella di Claudio: e nell'orazione tenuta da Seneca a Nerone, quando il primo volle ritrarsi dagli affari, gli esempi tratti dal governo di Augusto furono di nuovo invocati (Tac. *Ann.* XIV,53). Tanto dunque in questa orazione davanti al senato quanto in quella ai soldati, che sono le sole rapportate da Dione come composte da Seneca, delle lodi di Claudio non fu discorso; anzi il rievocare nella prima l'esempio del vecchio Augusto, non significava certo un elogio per l'imperatore testè defunto. Altro era però il caso del discorso recitato nel giorno dei funerali, giacchè questo non poteva evitare il giudizio sulla persona. Si può però ammettere che Seneca si sia spinto tant'oltre, da lodare la provvidenza e la sapienza di Claudio e da suscitare il riso negli ascoltatori? Io credo che possiamo prescindere da ogni concetto o preconcetto sulla moralità maggiore o minore di Seneca; niuno vorrà certo negare ch'egli fosse uno spirito fine ed arguto; possiamo senza altro credere ch' egli commettesse un atto di così grossolana ingenuità ed inesperienza? O non bisognerà piuttosto credere che Tacito, o la sua fonte, abbiano confuso tra i due discorsi, e cioè tra la *laudatio funebris* e il discorso al senato? (1) Giacchè di quest'ultimo Tacito non dice che fosse composto da Seneca e Dione invece il dice, e l'elevatezza dei pensieri che erano espressi in tal discorso ci dissuade a crederlo opera di un giovane diciassettenne e ci fa subito pensare a Seneca; ed

(1) Suetonio infatti attribuisce a Nerone la *laudatio funebris, Nero,* 9: « *Orsus a pietatis ostentatione Claudium apparatissimo funere elatum, laudavit consecravitque.* »

anche il fatto dell'essere stato preso a modello Augusto ci riconferma in tale ipotesi.

Per contro quell'accenno così imprudente dell'altra orazione alle doti morali di Claudio rivela giovenile inesperienza, che non è possibile attribuire all'astuto Seneca. Nè questi sarebbe così cresciuto in potenza, qualora il primo suo atto verso l'imperatore fosse stato causa di sì colossale insuccesso. Nerone fin da giovane aveva velleità e vanità oratoria (1), ed è possibile quindi che pure rassegnandosi a farsi guidare da Seneca in tutto ciò che riguardava le occasioni pubbliche e solenni, riserbasse però a sè la *laudatio funebris*, che aveva carattere più familiare, e quindi minore importanza politica. Probabilmente dunque nel racconto tacitiano si rispecchiano tradizioni vaghe ed incerte; si confonde la *laudatio funebris* con la orazione davanti al Senato; e poichè rimaneva memoria che Seneca avesse composto per Nerone una orazione molto elegante in occasione della morte

(1) Infatti nell'anno antecedente, in età di 16 anni, Nerone aveva composta un'ornata orazione *pro Iliensibus* (*facunde*, dice Tacito, *Ann.* 12, 58); ed un'altra *pro Bononiensibus* (Tac. ivi; Suet. *Nero* 7, che la riferisce all'anno 51), ed un'altra *pro Rhodiis* (Tac. e Suet. ll. cc.). Per gli anni successivi son ricordate di Nerone la *laudatio funebris* di Poppea (Tac. *Ann.* 16, 6), quella *adversus C. Iulium Vindicem* (Suet. *Nero*, 46), e quella che egli aveva preparato nel pericolo supremo, argomentandosi di muovere con essa a pietà i cittadini ed impetrare la salvezza: Suet. *Nero*, 47 « *Inventus est postea in scrinio eius hac de re sermo formatus* ». Seneca (*De Clem.* I, 11) rammenta di Nerone una orazione in cui questi si vantava *nullam toto orbe stillam cruoris humani misisse!* v. pure Tacito, *Ann.* XIII, 11.

di Claudio, tali particolari sono riferiti erroneamente alla prima orazione, alla *laudatio funebris*, invece che alla seconda.

Rimane ora a parlare della pretesa orazione per la morte di Agrippina.

Tacito (*Ann.* XIV,11) riferisce che il popolo non si meravigliava già di Nerone, alla cui ferocia era impari ogni doglianza, bensì mormorava contro Seneca perchè egli aveva composta tale orazione, che già era per sè stessa la confessione del delitto. E la voce popolare durò vittoriosa, sicchè Quintiliano per citare un passo di quella orazione dice senz' altro (*Inst.* VIII,5,18) « *Seneca in eo scripto quod Nero ad senatum misit occisa matre* ». La fonte di questa informazione è esclusivamente la mormorazione popolare. Nè Seneca nè Nerone avrebbero divulgato un tale segreto, l' uno per vergogna o per timore di vendetta, l' altro per vanità letteraria. Per contro ogni orazione che Nerone facesse, il popolo era abituato ad attribuirla a Seneca, perchè questi era il gran letterato della sua corte, questi era stato il suo maestro di eloquenza. Questa attribuzione fu così costante che si giunse perfino a vere stranezze. Nerone in frequenti orazioni vantava i proprii atti di clemenza? Nulla di più naturale in chi aspira a diventar popolare. Ebbene, no, si diceva che era Seneca che componeva quelle orazioni, per far pompa del proprio ingegno e per mostrare come egli consigliasse bene l' imperatore. E Tacito stesso raccoglie questa spiegazione (*Ann.* XIII,11), egli che pur sa quanto fosse geloso Nerone di ogni fama e di ogni popolarità che tentassero superare la sua. Quest' esempio ci induce ad esser molto guardinghi anche per quel che riguarda l'orazione per la morte di Agrippina. In questi tempi Nerone aveva velleità di bravura oratoria, specialmente di fronte a Seneca, e non gli avrebbe mostrato di aver bisogno dell'opera sua per comporre una orazione. Quando gli accusatori di Seneca volevano metterlo in cattiva luce presso Nerone, gli dicevano tra le altre cose che egli a sè solo voleva attribuire la gloria dell'eloquenza (*Ann.* XIV,52), ben sapendo quanto di ciò s'ingelosisse Nerone. E quando questi doveva rispondere al discorso, che Seneca gli fece per chiedergli licenza di ritirarsi dagli affari, si compiacque di avere tale facoltà oratoria, da potere rispondere senza preparazione alle parole di Seneca lungamente meditate (*Ann.* XV,55). Si può presumere che chi aveva tale vanità oratoria, ricorresse proprio a colui di cui più era geloso? Ma vi è di più ancora. Dopo il matricidio di Nerone i più austeri uomini si ritrassero dalla vita pubblica: Trasea dal Senato, Seneca cercò a poco a poco di ritrarsi dagli affari (1) Basta quest'atteggiamento a mostrare tutta la ripulsione di quegli animi e a sceverare nettamente la loro figura da quella del delittuoso imperatore. Nè tale atteggiamento noi comprenderemmo in colui che avrebbe tentato la tristissima difesa del matricidio. Del resto Cassio Dione, che pure è così ostile a Seneca non gli attribuisce quest'ultima pecca (LXI, 14); il che

(1) Secondo Suetonio anzi (*Nero,* 35) più volte egli cercò di ritrarsi dalle cose pubbliche. Si ritrasse definitivamente nel 62 d. C. (Tacito, *Ann.* XIV, 53). Cf. Gercke, *Seneca-Studien,* p. 282.

mostra almeno che non in tutte le fonti si era insinuata l'attribuzione che il popolo faceva.

Quella orazione fu composta da Nerone. Tutto ciò che di essa sappiamo ce lo rivela. Essa era la voce della coscienza turbata, che cercava una scusa all'orribile colpa con l'enumerare tutti i delitti della vittima (Dione LXI, 14; Tac. *Ann.* XIV, 11). E quella difesa riuscì espressione sincera dello stato di turbamento e di angoscia della coscienza atterrita, sicchè la difesa stessa divenne accusa, anzi fu interpetrata come la confessione del misfatto (Tac. *Ann.* XIV, 11: « *oratione tali confessionem scripsisset* »).

TACITO E SENECA

A proposito di Seneca piu si ravvisa quello che è carattere proprio della esposizione tacitiana, e cioè una incertezza tra le diverse fonti delle quali l'autore usa e quindi una incongruenza nei giudizii e negli apprezzamenti morali (1). Tacito molto spesso sopra un personaggio storico o sopra un singolo avvenimento non ha una concezione propria e compiuta, sicchè par quasi ondeggiare tra fonti diverse, accettando or dall'una or dall'altra qualche particolare o qualche giudizio e non curandosi di metterlo d'accordo col resto della narrazione. Si aggiunge che a disviarlo da una equanimità serena negli apprezzamenti molto valevano tutti i pregiudizii aristocratici dei quali egli era imbevuto, pregiudizii che il facevano avverso ai seguaci delle sette filosofiche, non esclusa la stoica. E si aggiunge pure che l'analisi psicologica da lui continuamente tentata è sistema, quanto alcun al-

---

(1) Cfr. Boissier, *Tacite*, p. 76-77. Notissimo è il bel lavoro del Fabia, *Les sources de Tacite*, Paris, 1903.

tro mai, periglioso nella storia. (1) Giacchè l' autore si trova a discorrere di fatti e di persone, delle quali egli non ha avuto diretta conoscenza; e il volere da discorsi, chissà con quanta inesattezza tramandati o da fatti i cui particolari di necessità si sono perduti, argomentare alle qualità dell'anima od ai moventi dell' azione porta inevitabilmente a fallaci giudizii. Ed in Tacito è frequente il caso che a proposito di fatti, che pure potrebbero prestarsi ad interpretazioni più benigne, egli insinui qualche suo tristo sospetto e che quel sospetto passi trionfatore con la solennità della storia. Egli, ad es., dice non potere affermare che il suocero suo Agrippa sia morto di veleno fattogli propinare da Domiziano; ma copertamente ogni tanto lascia intravvedere essere questa l' opinione sua (v. *Agr.* 43). Negli *Annali* (XV, 52) quando narra il disegno dei congiurati di uccidere Nerone nella villa Baiana di Pisone, riferisce che Pisone vi si oppose, ma che addusse una ragione che non era la vera, e Tacito stesso poi espone quale fosse l' occulta ragione. È un apprezzamento, come si vede, o anche una insinuazione, ma non è la storia; giacchè come faceva Tacito a conoscere le occulte preoccupazioni di Pisone? (2)

A proposito di Seneca poi non si può negare an-

(1) Cfr, Eugéne Bacha, *Le Génie de Tacite. La création des Annales.* Paris. F. Alcan. 1906.

(2) Crediamo inutile apportare altri esempii di contraddizioni e incongruenze tacitiane. Se ne potranno vedere criticamente discussi alcuni nel lavoro di A. Gercke, *Seneca Studien*, per es. a p. 261, a p. 233, 270, ecc. Vedi G. Boissier, *Tacite* (Paris, 1903), p. 78.

che in Tacito una certa preoccupazione ostile. Già la fonte favorevole a Seneca, Fabio Rustico, è perita; ed il peggio è che Tacito la riguarda con sospetto, appunto perchè si accorge che è favorevole: *Ann.* XIII, 20 « *Sane Fabius inclinat ad laudes Senecae, cuius amicitia floruit* ».

Ora le diverse narrazioni di Fabio per quanto riguarda la vita di Seneca non sono rapportate da Tacito che due altre volte ed anche per circostanze di lieve momento (XIV, 2; XV, 61) (1). V'è qui luogo a domandare che cosa sarebbe, ad es., della memoria di Socrate, se noi non conservassimo che le sozze accuse dei suoi nemici e dileggiatori, sopra i suoi amori puerili, la sua libidine, i suoi esosi guadagni, e non avessimo le glorificazioni ed apologie scritte dai suoi discepoli. Ed è proprio questo il caso di Seneca. Giacchè Tacito che si mostra così diffidente verso Fabio Rustico, il quale ne difendeva la memoria, non esita però a raccogliere studiosamente tutte le accuse di Suilio. Anzi tutto il processo contro Suilio egli lo fa quasi comparire come a bella posta ed in tutta fretta messo sù da Seneca, per odio e vendetta contro Suilio. Questo almeno si deduce dalle frasi che Tacito qua e là fa cadere nei due capitoli, nei quali è contenuta la narrazione del processo (XIII, 42 e 43); cfr.: *haud tamen sine invidia Senecae; eius opprimendi gratia repetitum credebatur senatus consultum poenaque Cinciae legis; repertique accusatores; brevius visum urbana crimina incipi.*

(1) Per la scarsezza appunto delle indicazioni sull'opera di Fabio, non ci paiono prudenti le riserve che sul suo valore storico fa il Gercke, *Seneca-Studien*, p. 267 e 271.

Ognuna di queste frasi è una insinuazione. Eppure se ci fu condanna giusta, fu proprio quella. Giacchè si trattava di un famoso ribaldo, del quale Tacito stesso dice altrove (*Ann.* XI, 5) « *Continuus inde et saevus accusandis reis Suilius, multique audaciae eius aemuli. Nam cuncta legum et magistratuum munia in se trahens princeps materiam praedandi patefecerat; nec quidquam publicae mercis tam venale fuit quam advocatorum perfidia* ». Come mai non doveva sembrare un dovere liberare con l'esilio la città di siffatta peste, ed applicare la legge Cincia per metter freno alle arti inique dei sicofanti, legge la quale non era già caduta in oblio, giacchè pur testè (*Ann.* XI, 5), era stata nel Senato invocata?

Quanto poi alle accuse di Suilio contro Seneca è pur giusto rammentare come Seneca in più luoghi vi alluda e garbatamente se ne discolpi: cfr. *De vita beata* 17 e 23: *Epist.* 8, 3: 87, 1; 123, 7. e più indirettamente *Epist.* 5, 2. e *De Benef.* II, 18.

Un altro tratto di grande ingiustizia di Tacito verso Seneca è il sospetto che in XIV, 7 è elevato contro di lui e contro Burro che essi sapessero già prima il truce disegno di Nerone contro Agrippina: « *incertum an et ante ignaros* ».

Che Nerone andasse a rivelare al maestro di morale i suoi disegni, per sentirne un' austera predica, è ridicolo solo il pensare. E del resto, come poteva fare Tacito a conoscere i pensieri intimi di Seneca e di Burro? Egli ha quindi il torto di raccogliere un calunnioso sospetto. Il qual sospetto si capisce onde sia nato. Fallito il primo tentativo di matricidio, Nerone chiamò a consulto Seneca e Burro; non dovevano dunque essi saper già prima? Ma Nerone non li chiamò certo a consulto per confessare il reato suo; era antica la preoccupazione che Agrippina tramasse contro di lui; ora egli era preso da pazzo terrore; ed a Seneca e Burro rappresentò appunto la madre che si affrettava ad attuare le minacce antiche ed armava gli schiavi ed accendeva i soldati e scendeva in mezzo al popolo: quale aiuto gli resterebbe? (cfr. *Ann.* XIV, 7). Qui dunque la narrazione di Tacito è infedele, perchè lascia quasi il sospetto che Nerone potesse avere in Seneca e Burro se non dei complici, almeno dei consapevoli della sua colpa. Ma in Tacito stesso vi sono gli elementi per ricostituire la verità. Bisogna infatti rammentare quel che è narrato in *Ann.* XIII, 20. In mezzo ad un' orgia neroniana, sopraggiunge Paride a dare l'annunzio di un imminente tentativo di Agrippina contro lo imperatore. Nerone trepido invoca che si punisca con la morte la sediziosa: Burro cerca calmarlo e rassicurarlo: sacro è il dritto alla difesa per tutti, tanto più per una madre; egli stesso avrebbe accertato le cose e, se fosse risultato che Agrippina era colpevole, l' avrebbe punita di morte. E il di seguente Burro si recò da Agrippina in compagnia di Seneca e di alcuni liberti, scelti da Nerone tra i suoi fidi, quasi a controllo della veracità dei due ministri. Agrippina energicamonte si difese e i due ministri ottennero da Nerone la riconciliazione. Ecco la ragione per cui dopo il primo tentativo fallito di matricidio, Nerone mandò a chiamare Seneca e Burro: essi avevano dichiarato innocente la madre; ora egli apportava nuove prove (vere o false che fossero) di colpevolezza: perchè Burro non manteneva la sua promessa e non puniva di morte la traditrice? Ecco la ragione dell'atteggiamento di Seneca, che levò su Burro un lungo sguardo interrogativo, per domandargli se veramente egli credesse dovesse Agrippina punirsi di morte; l'atteggiamento è naturale ed onesto ed è di meraviglia e di rimprovero, che Burro si fosse lasciato trarre a tale promessa; ma Tacito non richiama quel particolare che pure era a lui noto, perchè egli stesso il racconta (XIII, 20) e tutta la narrazione sua è quindi in questo punto (XIV, 7) insidiosa e calunniosa.

Ed è degno di nota quanta disuguaglianza vi sia nelle notizie tramandate dagli antichi, per quel che riguarda i rapporti di Seneca e Burro con Agrippina.

Un passo interpolato in Dione Cassio pone addirittura Seneca come amante di Agrippina. Può essere che tali amori si attribuiscano ai primi tempi del ritorno di Seneca dall'esilio, prima del regno di Nerone; ad ogni modo niun dubbio v'ha, per i fatti stessi, che Tacito cita (XIII, 2; 5; 13; 14) che tutta l'opera di Seneca fu volta a frenare l'invadenza ambiziosa di Agrippina e ad impedire che l'impero cadesse nelle mani di una donna e fosse soggetto ai suoi capricci.

Questa lotta ebbe termine, quando il favorito Pallante, massimo sostegno di Agrippina, fu rimosso da ogni ufficio pubblico (XIII, 14). Ad Agrippina non rimase allora altro che minacciare e protestare; e le minacce e le proteste segnarono l'ultima sua rovina.

Ma per quanto riguarda il contegno di Burro verso Agrippina, in Tacito stesso è grave contraddizione. In XIII, 14 si rappresenta Agrippina furiosa che minaccia di andare in mezzo al popolo:

vedrebbe il popolo da una parte la figlia di Germanico e dall' altra Burro, mutilato di una mano, e Seneca, vacuo declamatore, chiedere l' imperio del mondo. Qui dunque Burro è in violento e non passeggero dissidio con Agrippina. Dopo pochi capitoli, in XIII, 20 è riportata la notizia che Burro stesso fosse sospetto a Nerone come amico di Agrippina e da lei protetto ed a lei avvinto di gratitudine. È bensì vero che qui è rammentata pure la versione opposta, che cioè della fede del prefetto niun dubbio avesse Nerone; ma la versione che Tacito incorpora nel corso della sua narrazione è la prima (« *ut non tantum matrem Plautumque interficere, sed Burrum etiam demovere praefectura destinaret, tanquam Agrippinae gratia provectum et vicem reddentem*) » (1) e tale versione era in evidente contrasto col racconto anteriore.

Maggiore incongruenza è a proposito di Seneca come accusato di complicità nella congiura Pisoniana. In XV, 60 Tacito dice che la morte di Seneca fu cagion di giubilo a Nerone, ma non perchè fosse risultata la sua colpevolezza: « *non quia coniurationis manifestum* (*Senecam*) *compererat* (*Nero*) » ; e a dimostrare l' insussistenza dell' accusa aggiunge che il solo Natale aveva riferito di essere stato inviato da Pisone a Seneca per lagnarsi ch' egli più nol ricevesse. Tacito adunque qui non crede alla partecipazione di Seneca alla congiura. Ma in XV, 65 riferisce una fama popolare, che cioè tra i propositi dei congiurati fosse che si dovesse uccidere dopo Nerone anche

(1) Era la versione di Fabio Rustico; cfr. Gercke, *Seneca-Studien*, p. 264.

Pisone, e levare all' imperio Seneca, e che di tutto ciò Seneca stesso fosse a parte (« *neque tamen ignorante Seneca* ») (1). E ciò Tacito riferisce senza confutazione o riserva, anzi quasi mostrando di volere avvalorare la fama, col riferire un motto di Subrio Flavio sopra Pisone; nè si preoccupa punto del diverso apprezzamento poco prima manifestato.

In *Ann.* XIV, 2 è narrato dell'orribile tentativo di incesto tra Agrippina e Nerone, tentativo cominciato a perpetrare non si sa se dall'una o dall' altro, e si aggiunge che Seneca, a sventare l'obbrobrio insinuò la liberta Acte, amante di Nerone, ad avvertirlo, per fargli paura, esser divulgata la fama dell' incesto, e che i soldati non avrebbero più sopportato fosse profanato l' imperio (2).

---

(1) Anche Dione LXII, 24 crede che Seneca fosse partecipe della congiura. Seneca e Rufo, egli dice volevano essi stessi liberarsi da tanti mali e liberarne il tiranno. Il Merivale (*History of the Romans* VI, 364) osserva come per la idea espressa in queste parole ricorra naturalmente al pensiero Seneca; e il Diepenbock, (*L. Anneus Seneca*, p. 195) vi assente notando quante volte in Seneca si trovi rappresentata la morte come un beneficio.

È pure notevole che del desiderio popolare di sostituire Seneca a Nerone sembra si conservi un accenno presso Giovenale, VIII, 211:

Libera si dentur populo suffragia, quis tam
Perditus, ut dubitet Senecam praeferre Neroni?

Cfr. Schiller, *Nero*, 695.

(2) Era questa la versione di Cluvio Rufo. V. Gercke, *Seneca-Studien*, p. 264-5. Giustamente egli osserva: Seneca wusste gut genug, dass Acte ein schlechtes " subsidium "

Anche qui la versione di Fabio Rustico è diversa e ci appare di gran lunga più verosimile. Non è possibile che dinanzi a Seneca, Nerone ed Agrippina trascendessero a quelle blandizie e carezze nunzie del misfatto, delle quali Tacito parla. Molto più probabile è che Acte, avvinta a Nerone sino alla morte da un amore potente, ne spiasse con gelosa ansia gli atti, e che la femminile astuzia gli suggerisse l'ardita mossa. E così appunto riferiva Fabio Rustico (Tac. ivi).

Dell'accusa di vanità che Tacito fa a Seneca in XIII, 11 (« *quas [orationes] Seneca testificando quam honesta praeciperet, vel iactandi ingenii, voce principis vulgabat* ») e di quella relativa alle orazioni per la morte di Claudio e di Agrippina ch'egli avrebbe scritto, abbiamo discorso nel capitolo sulla pretesa viltà di Seneca.

Intanto è pur d' uopo notare come Tacito, che non si lascia sfuggire occasione per porre Seneca sotto luce non bella ed anzi ritiene sospetto Fabio, solo perchè difendeva la memoria del filosofo, rende spesso solenne testimonianza all' onestà di lui. In XIII, 2 egli dà lode a Burro del valore militare e della severità dei costumi, a Seneca dei precetti di eloquenza e dalla onesta cortesia di modi; in XIV, 52 rammenta come la morte di Burro abbia infranto la potenza di Seneca, poichè la virtù non

---

war, nachdem Nero sich von ihr abgewendet hatte und ganz in der Banden der Poppaea war ».

Del resto Plinio raccontava il tentativo di incesto di Agrippina come un episodio della sua lotta con Poppea Sabina; giacchè da Plinio deriva la narrazione di Dione, LXI, 11, 3.

potea più aver pari vigore se uno dei suoi duci era venuto meno; in XIV, 53 rammenta come a Seneca furono riferite le accuse che contro di lui si facevano a Nerone, e riferite appunto da coloro *che avevano qualche cura di onestà* (*quibus aliqua honesti cura*); in XV, 23 chiama Seneca e Trasea *egregii viri*; in XV, 65 rammenta come corse la fama che i congiunti di Pisone volessero affidare l' imperio a Seneca come persona *innocente* (*quasi insonti*). Come poi Tacito metta d' accordo tali solenni attestazioni alla virtù di Seneca coi tristi sospetti che altrove egli eleva, è cosa che non si comprende: se non fosse che Tacito dà a divedere in tutta l' opera sua esser natura eminentemente soggetta ad impressioni e perciò meno adatta ad un discernimento sereno; disposta ad ogni modo a veder fosco nelle cose, pur quando le cose potevano presentarglisi sotto una luce più benigna; natura insomma, oserei dire, di artista sommo, ma di pessimo storico.

Si aggiunge che per questa stessa sua natura più incline a sospettare il male, egli dette la preferenza alle fonti contrarie a Seneca, accettando dalle fonti favorevoli solo quei tratti che più giovavano a mostrare la ferocia dell' imperatore.

Noi non vogliamo quì rinnovare la discussione circa le fonti di Tacito. Per la seconda parte degli Annali si è creduto ravvisare che la sua fonte principale fosse Cluvio Rufo; così lo Schiller, *Nero* 23 sgg., così il Fabia, *Les sources de Tacite*, p. 402 sg. Il Gercke invece, *Seneca-Studien*, p. 236 ravvisa per fonte principale le Storie civili di Plinio.

E se si consideri che Plinio è pure la fonte di Dione (Gercke, p. 165 sgg.) e che aveva raccolto quindi tutte le notizie più ostili al filosofo, parrà ovvia la conclusione che per la parte che riguarda Seneca, Tacito abbia principalmente attinto da lui. Solo per la narrazione della morte egli attinse probabilmente in maggior misura a Fabio Rustico; giacchè Plinio poneva Seneca e Fenio Rufo come anima della congiura contro Nerone (cfr. Dione LXII,24,1), il che è contrario alla narrazione di Tacito (15,60) nè Plinio poteva porre in bocca a Seneca morente le parole rammemoranti la virtù sua, egli che ne aveva fatto un complice del matricidio di Nerone (cfr. Dione LXI, 12, 1). Al di fuori dunque della descrizione della morte di Seneca e degli altri insignificanti accenni che abbiamo sopra visto, Tacito non adoperò Fabio Rustico e trasse la sua narrazione da Plinio, scrittore ostilissimo a Seneca e fonte precipua di tutte le accuse di Dione. È da meravigliare quindi che ciò nonostante sia rimasta nell' opera tacitiana qualche solenne attestazione a favore del filosofo; tanto più da meravigliare se si consideri che Tacito per la sua fosca visione del mondo e per la ricerca dei moventi psicologici più di una volta fu, come abbiamo detto, incline a qualche triste sospetto.

UN RITRATTO DI SENECA

L'unico busto di Seneca che porti l' indicazione del suo nome è quello della doppia erma conservata nel Museo di Berlino e riprodotta in *Arch. Zeit.* 38 (1880), Tav. 5; cfr. Bernoulli, *Röm. Ikon.* I, 276, Baumeister, *Denkmäler*, p. 1647. (1)

Rappresenta un uomo di complessione forte e vigorosa, di membra robuste e di media età. Non può trattarsi di un ritratto che rappresenti Seneca negli ultimi giorni di sua vita, giacchè sappiamo che allora il corpo suo era *parco victu tenuatum* (Tac. *Ann.* 15,63). Ma v'è luogo a domandare se, anche riferendolo ad un' età precedente, quel ritratto meriti fede. Giacchè per ogni età della vita di Seneca, fin dalla prima giovinezza, abbiamo la notizia dalla sua complessione gracile, e della sua malferma salute. È noto che, appunto perchè egli era smilzo e mingherlino, Caligola lo risparmiò, prevedendone prossima la morte, giacchè aveva

(1) Sul busto si legge in lettere antiche SENECA. Tale immagine è quella riprodotta sulla nostra copertina.

concepito invidia per una sua bella orazione (Dione LIX, 17, 7). Seneca stesso rammenta la lunga infermità della sua prima giovinezza, *Cons. ad Helviam*, 19,2: *per longum tempus aeger convalui.*

La sua debolezza fu forse aggravata dal sistema di nutrizione esclusivamente vegetale, cui per tutto un anno si dedicò, finchè il padre lo persuase *ut inciperet melius cenare* (*Epist.* 108,22).

Non godendo buona salute, dovè rinunziare alla carriera oratoria, *Epist.* 49,2 « *modo causas agere coepi, modo desii velle agere, modo desii posse* ». Ma non cessarono i suoi mali e di più generi, *Epist.* 54,1 : *mala valetudo repente me invasit. Quo genere? inquis. Prorsus merito interrogas: adeo nullum mihi ignotum est.*

Si trattava dunque di più malattie, non della sola palpitazione cardiaca (v. Marx, in *Abh. der Gött. Ges. d. Wiss.* 1872). Ed infatti oltre l'asma (*suspirium*) di cui parla in *Epist.* 54, 1 e 6, egli soffriva di catarri cronici (*distillationes*) che lo ridussero ad estrema macilenza, come egli stesso dice in *Epist.* 68, 1 : *deinde succubui et eo perductus sum ut ipse distillarem ad summam maciem deductus* (1). Come si vede, le notizie che su Seneca abbiamo, ce lo rappresentano sempre come afflitto da malattie e di complessione maci-

(1) In *De Vita Beata*, 22, 2 si vuol vedere anche un accenno di Seneca ai proprii mali fisici. È bensì vero che vi si parla di un occhio perduto, cosa che per Seneca sarebbe affatto nuova; ma la frase *exili corpore ac amisso oculo* fu opportunamente emendata dal Madvig : *exili corpore ac macriusculo.*

lenta. Potremo dunque riconoscere Seneca nel tipo corpulento e vigoroso dell'erma berlinese?

Certamente quella figura non sembra essere stilizzata, sembra anzi avere tutte le caratteristiche di un ritratto. È naturale del resto che si ritraesse l' immagine del filosofo nei periodi della fiorente salute, non in quelli del maggior deperimento fisico. E non è neppure escluso il sospetto che una certa esagerazione vi sia nelle notizie che Seneca stesso comunica sulla sua macilenza; o che ad aumentare alquanto le proporzioni di quella robusta corpulenza l' artista dell' erma berlinese sia stato indotto da uno strano amore di simmetria con l'altra immagine che vi è rappresentata, quella di Socrate. In conclusione noi, pur senza professarne assoluta certezza, reputiamo probabile che l' erma di Berlino abbia autorità e valore di storico documento.

APPENDICI

I.

Seneca e il matrimonio.

Tra le più strane accuse che a Seneca si facessero nell' antichità fu pur quella che egli fosse a Nerone maestro di lascivia. L' accusa .è in Cassio Dione LI, 10: ταῦτα δηλοῖ τάς τε ἀσελγείας, ἅς πράττων γάμον τε ἐπιφανέστατον ἔγημε καὶ μειρακίοις ἐξώροις ἔχαιρε, καὶ τοῦτο καὶ τὸν Νέρωνα ποιεῖν ἐδίδαξε. La notizia sembra avere in sè stessa la propria smentita.

Finchè essa fosse limitata agli amori di Seneca per i μειράκια, non avrebbe in sè stessa nulla di stridente o d' inverosimile, dati gli usi comuni del tempo ; ma l' inverosimiglianza scatta fuori subito, quando si aggiunge che Seneca spinse Nerone a cotali amori.

Proprio Seneca, che portò nel suo magistero sopra il giovane imperatore tanto dignitosa e severa compostezza ! Ma anche qui si appalesa subito, come nascesse e si diffondesse la calunniosa voce. Nerone fu famoso per cotali amori : doveva dunque avergliele insegnate il suo maestro ! È un'accusa da porsi insieme con tutte le altre, scaturite, come più volte abbiamo mostrato, da impurissima fonte. Di contro a tale sozza accusa sta la testimonianza della delicatezza e dell' affetto, che informò costantemente la vita matrimoniale di Seneca (1). Il γάμος ἐπιφανέστατος di cui parla Dione, fu un esempio di fedele e tenero amore coniugale, durato sino agli estremi istanti di vita. Si sa infatti con quali nobili conforti Seneca morente cercasse alleviare alla moglie Pompeia Paulina l' acerbo dolore e come ella rispondesse offrendosi compagna alla morte gloriosa (Tac. *Ann.* XV, 63). E bel documento di affetto delicato e gentile rimane l' epistola 104 di Seneca, che ci mostra le sollecitudini della consorte per la salute del marito, e la viva riconoscenza di lui. L'affetto della Paolina non è forte e virile, ma tenero e gentile; e Seneca è indulgente a questo carattere di tenerezza muliebre. « *Itaque*, dice (ivi § 2), *quoniam ego ab illa non impetro ut me fortius amet, impetrat illa ut me diligentius amem* ».

È interessante a tal proposito esaminare quel che rimane dell' opera di Seneca *de matrimonio*. Dell'opera abbiamo notizia da Geronimo, che nello scritto *Adv. Iovinian.* I, 49 (p. 191 tom. IV, P. 2, ed Par. 1706) così dice: « *scripserunt Aristoteles et Plutarchus et noster Seneca de matrimonio libros, ex quibus et superiora nonnulla sunt et ista quae subicimus* ». Or secondo le conclusioni del Bock (in *Leipziger Studien*, 19 [1898],

(1) La Pompeia Paulina fu la seconda moglie di Seneca. Ma anche per la prima moglie egli ebbe tenerezza di affetto e ne pianse la morte (cfr. *De vita beata*, XVII, 1). Forse questa prima moglie lo accompagnò pure nell' esilio di Corsica, mentre il comune figliuolo rimase a Roma presso la madre (cfr. A. Gercke, *Seneca-Studien*, p. 286).

fasc. I, p. 7 sgg.) Geronimo adoperò oltre i γαμικὰ παραγγέλματα di Plutarco lo scritto di un Cristiano (probabilmente di Tertulliano *ad amicum philosophum de angustiis nuptiarum*), nel quale scritto era riprodotta gran parte dell' operetta di Seneca *de matrimonio*. A Seneca stesso, e non a cognizione diretta che avesse lo scrittore cristiano, debbono risalire le citazioni del libro di Aristotele e dell'*aureolus Theophasti liber de nuptiis* (ivi p. 190). Ne segue che dallo scritto di Geronimo si può ricostituire in gran parte, benchè per via così indiretta, l' operetta di Seneca, come si può vedere dai passi raccolti dallo Haase, *Senecae Opera*, III, p. 428-434). Ora, esaminando i detti passi, si rileva subito come tutta una serie di argomentazioni e di esempii portino ad una conclusione sfavorevole al matrimonio, ed invece tutta un' altra serie porti alla conclusione affatto opposta. Si può dunque esser sicuri che l' opera si svolgeva a dialogo. Non si concepirebbe infatti che una sola persona esponesse, per confermare le sue ragioni, tutti gli esempii di donne ingannatrici e adultere, ed egli stesso poi facesse seguire tutti quelli di donne oneste ed illibate. Si tratterà invece di due persone diverse, che sostengono due tesi diverse. E queste due tesi, con tutto lo svolgimento delle ragioni e degli esempii opportuni, noi le scorgiamo molto bene, nelle reliquie che dell' opera di Seneca possiamo ricostituire. (1)

---

(1) Utile è il confronto coi due dialoghi di Musonio Rufo sul matrimonio; cfr. Hense, *Musonii Rufi Reliquiae* Lipsiae, Teubner, 1905, p. 67-76. Molteplici passi vedi in Praechter, *Hierokles*, p. 82.

Ed anzitutto uno degl' interlocutori è decisamente contrario al matrimonio. Egli si appoggia all' autorità di Teofrasto, del quale riassume in un lungo passo (fr. 47-59 Haase) l' *aureolus liber de nuptiis*. In tale passo tutti i pericoli e gl' inconvenienti del matrimonio sono minutamente, spietatamente, enumerati e dichiarati. I rischi della sorte, i capricci della moglie, la sua ambizione di brillare per bellezza, per vesti, per ricchezze, la difficoltà di custodire l' onore e il patrimonio della casa, e di allontanare i desiderii cupidi degli amanti, e tanti e tanti altri fastidii e dolori, sono con spirito e con garbo esposti ed illustrati. Tutto ciò uno dei personaggi del dialogo diceva per confermare la tesi di Teofrasto (fr. 47) « *non est uxor ducenda sapienti.* » E passava poi a conferme storiche: gli esempii più noti mostrano che le donne rendono sempre infelici i loro mariti. E qui seguivano gli esempii tratti dal mondo greco: Pasifae, Clitennestra, Erifile (fr. 66), Santippe e Mirto, mogli di Socrate (fr. 62); e quelli del mondo romano: Metella moglie di L. Sulla (fr. 63), Mucia moglie di Gn. Pompeio (fr. 64), Actoria Paula moglie di M. Catone Censorio (fr. 65). A questo medesimo ciclo di esposizione appartiene l' aneddoto di Cicerone, che ricusò di prendere la seconda moglie (fr. 61) ed il motto di Vario Gemino, che con un mesto raffronto tra le baruffe familiari e quelle avvocatesche, diceva: « *qui non litigat caelebs est* » (fr. 60).

L' altro personaggio del dialogo cercava evitare le soverchie esagerazioni. Egli, poichè il suo avversario aveva citato Teofrasto, cominciava probabilmente dall' esaminare le opinioni dei filosofi.

A lui forse è da attribuire il riferimento della opinione di Epicuro, il quale pensava il matrimonio potere essere, secondo i casi, un bene o un male (fr. 45), e quella, che egli chiama ridicola, di Crisippo, il quale inculcava al sapiente il matrimonio per la sola necessità di fare omaggio a Ζεὺς Γαμήλιος e Γενέθλιος (fr. 46); a lui pure il riferimento della opinione di Lisia nel Fedro platonico, che tutti gli *amoris incommoda* riconduceva a questa ragione « *quod non iudicio sed furore ducatur et maxime uxorum pulchritudini gravissimus custos accubet* » (fr. 82). Questa esposizione della opinione di Lisia poteva offrire opportuna occasione per entrare nello svolgimento delle ragioni proprie. Non tutti i matrimonii sono felici; ma perchè essi abbiano buon esito è necessario che si avverino queste due condizioni: 1. che il marito ami *iudicio, non furore*: fr. 85 « *Sapiens vir iudicio debet amare coniugem, non affectu* » ecc. 2. che la moglie sia pudica ed abbia placidi sensi.

Allo svolgimento delle ragioni riguardanti la prima condizione accennano i fr. 83, 84, 85, 86, nei quali pure è riferito qualche esempio delle stranezze e mostruosità cui fa trascendere il soverchio amore; allo svolgimento delle ragioni riguardanti la seconda condizione accennano i fr. 78 e 79, nei quali si fa il quadro della pudicizia povera, ma fiera di sua virtù, e si adducono i nomi di Lucrezia, di Porcia, di Cornelia, di Tanaquilla. Dipoi a conferma di tutta l'argomentazione fatta, bisognava apportare esempii di matrimonii ben riusciti per le virtù dei due coniugi: a questo punto quindi crediamo sian da riferire i frammenti riguardanti il console Duilio e la moglie Bilia (fr. 70-71), e Marcia e Porcia di Bruto ed Annia, e Porcia minor e Marcella e Valeria (fr. 72-77), tutta una serie di nomi onorandi delle più nobili e virtuose matrone romane, modello di fiera e placida pudicizia, che il personaggio del dialogo opportunamente contrapponeva agli esempii di morbosi traviamenti erotici, addotti dal suo oppositore.

Considerato dunque lo svolgimento logico ed organico delle ragioni, ci par molto possibile che tale, approssimativamente, fosse l'andamento e la disposizione dell'opera di Seneca sul matrimonio; e tali le dottrine in essa esposte.

Concludendo, una disposizione di frammenti più razionale e più rispondente a quello che presumibilmente fu il piano dell' opera, sarebbe la seguente; 47-59, 66, 62, 63, 64, 65, 61, 60, 45, 46, 82, 83,-86, 78, 79, 70,-77.

Con l'opera ora perduta sul matrimonio ha stretto rapporto l' ultimo capitolo del *De remediis fortuitorum* (cap. XVI, 1-9 in Haase, *Senecae Opera quae supersunt*, *Supplem.* p. 54-55). Noi non vogliamo ora riprendere la questione circa la genuinità di quest' opera, con sì forti argomenti sostenuta, tra gli altri, dalla Haase, praef. p. IV-V (1). Certo è che se la forma non è quella data da Seneca ad essa, le frasi e i pensieri risalgono a lui (2). Ora appunto il XVI capitolo propone la questione

(1) V. l' indicazione dei principali lavori sulla questione in Schanz, *Gesch. der Roem. Litt.* II, 2 (München, 1901) p. 318.

(2) Cfr. Ilgen, *Animadv. ad L. Ann. Senecae scripta*, Homb. v. d. Höhe, 1889.

Uxorem bonam amisi. I mezzi di consolazione tentati sono varii e rispecchiano le due tendenze, che troviamo pure nell' opera sul matrimonio, l' una scettica verso la moglie, l'altra favorevole. La prima tendenza si manifesta in alcune risposte, che hanno più la parvenza di motti di spirito, che di veri tentativi di consolazione. A chi si lagna: "sono ora rimasto senza moglie" il consolatore risponde: "e senza avversario. Ora sì che cominci ad esser padrone di te e delle cose tue". E l'altro: "ma io ho perduto una moglie buona e bella". E il consolatore: "È stoltezza amare le proprie catene, per quanto auree" (XVI, 2, sospetto però allo Haase e ad altri). Altre risposte punto consolatorie sono quelle che riguardano l' oscillare della fede femminile e i tristissimi esempii d' infedeltà pur dopo tanti anni di vita proba ed onesta (§ 3-5). Ad una tendenza più benigna, si riferiscono altre risposte (§ 6-9). La consolazione che in esse ritorna con più insistenza è, che se una moglie buona è stata perduta, se ne può ritrovare un' altra migliore. E il consolatore dà pure i consigli per iscegliere questa moglie migliore, consigli che costituiscono un passo della maggiore importanza e che, secondo me, è una delle prove della genuinità sostanziale dell' opera. Il passo è (XVI, 7): « Duc bene institutam nec maternis inquinatam vitiis, non cuius auriculis utrimque patrimonia bina dependeant, non quam margaritae suffocent, non cui minus sit in dote quam in veste, non quam in patente sella circumlatam per urbem populus ab omni parte aeque quam maritus inspexerit, cuius sarcinis domus non sit angusta ». Ora questo passo, e specialmente il punto che si riferisce ai patrimonii che pendono dalle orecchie, è da mettere a riscontro con un passo del *Dialogo VII, ad Gallionem De vita beata,* cap. 17. Ivi Seneca risponde all'accusa che gli si fa, che egli altro scriva ed altro pratichi nella vita. E riferisce partitamente queste accuse mossegli dai suoi nemici, di contraddizione tra i detti e i fatti. Tra le altre leggiamo (§ 2): « *quare uxor tua locupletis domus censum auribus gerit?* » Questo accenno al patrimonio di una casa che penda dalle orecchie è troppo specifico per essere casuale. Ora se questo era rinfacciato a Seneca, come un fatto che fosse in contraddizione con uno scritto suo, e se proprio tale scritto noi troviamo nel *De remediis fortuitorum*, non sarà facile liberarci dalla impressione che appunto a questo passo del *De Remediis* alludessero i contradditori di Seneca.

II.

La religione di Seneca e il pensiero epicureo.

Nei pensieri di Seneca sulla natura divina e sul culto religioso si ravvisano le influenze molteplici delle varie scuole, onde si alimentava la sua speculazione filosofica. Com' è noto, lo stoicismo di Seneca non è più quello antico di Zenone e di Cleante, ma rappresenta invece quella fase della dottrina, nella quale molte attenuazioni e temperamenti sono stati introdotti, ed alla dottrina epicurea non si guarda più con la diffidenza e quasi con lo sprezzo antico, ma con senso di maggiore imparzialità e di più equo riconoscimento. Lo stoicismo in questa sua ultima fase ebbe dunque tendenze e contenuto eclettico; e non è meraviglia quindi che anche per il problema religioso più e più pensieri sieno in esso rifluiti dalle fonti dell' epicureismo. A guardar bene, qual concezione era contraria più della stoica alla concezione epicurea della divinità? Quel dio unico ed eternamente operoso e creatore e rinnovatore con vicenda incessante dell' universo e scrutatore infaticato delle umane coscienze e largitore dei beni e dei mali è quanto mai lontano dagl' innumeri dèi epicurei, eternamente sereni di lor beatitudine, eternamente incuranti degli uomini e delle cose dell' universo, anzi relegati oltre i confini del mondo. Da tal concezione epicurea è certo lontanissimo anche il pensiero di Seneca; ma per quanto egli abbia dinanzi alla mente quel dio stoico, rotondo, igneo, universale, mera astrazione o convenzione fisica, pur si sente che il suo pensiero si agita per cercare una figurazione della divinità, che sia più umana, più personale, più passionata, più imperiosa sulle coscienze, più calda di affetto, più ispiratrice di affetto. Ne risultò una concezione che a noi sembra unica ed originale, benchè forse potenti ispirazioni traesse Seneca da Sozione, da Attalo stoico, da Sestio pitagorico, da tutti coloro insomma che più larga efficacia ebbero sul suo pensiero; una concezione nella quale a torto si volle vedere l' influenza di dottrine evangeliche, ma che in ogni modo per più rispetti si avvicinava tanto ai bisogni morali, che la nuova fede annunciava e dei quali volle a sè riserbato il trionfo (1).

Ma fra i vari tratti che per tal questione si ravvisano nel pensiero di Seneca alcuni ve n'ha, che ci riconducono alla dottrina, la quale appunto,

---

(1) Ad una dipendenza delle dottrine di Seneca dalle dottrine bibliche e cristiane credettero parecchi. Cfr. Kreyher, *L. Annaeus Seneca und seine Beziehung zum Urchristentum*, V. però la bella trattazione del Boissier, *Rel. rom.*, II, 63 sgg. Per la questione generale sulla concezione degli dèi in Seneca, cfr. Wunder, *L. Annaeus Seneca quid de dis senserit exponitur* (Progr. Grimma, 1879). V. pure Baumgarten M., *Seneca und d. Christenthum*. Rostock, 1895: Betzinger, *Seneca-Album* ecc. *Mit Anhang*: *Seneca u. d. Christenthum*, Freiburg, 1899.

come abbiamo detto, sembra la più lontana dal pensiero degli stoici, intendo dire alla dottrina epicurea.

Tali tratti si scorgono specialmente nella questione riguardante il contegno del sapiente di fronte al culto religioso. Non che i singoli concetti enunciati si trovino esclusivamente presso Epicuro: l' uno o l' altro di essi si può anzi ritrovare anche qua e là in altre scuole filosofiche; ma qui è notevole il fatto che non le singole idee, ma tutto insieme il sistema e l' organismo delle idee abbia strettissimi rapporti con la dottrina epicurea; e nel suo complesso si manifesti a più indizi derivato da quelle fonti.

Io non insisterò sul concetto che gli epicurei avevano del sapiente come pari ad un dio (1) e sui molteplici riflessi che tal concetto ha presso Seneca. E ciò per due ragioni; che tal concetto era tradizionale nella scuola stoica, anche prima di Seneca (2) e che ad ogni modo, oltre gli Epicurei, anche un' altra scuola filosofica aveva del sapiente il medesimo magnifico concetto, quella dei Cinici, cfr. Dione Crisostomo, *Or.* IV, 31 p. 208 R. καὶ μάλιστα ἐμιμεῖτο (Διογένης) τῶν θεῶν τὸν βίον. ἐκείνους γὰρ μόνους φησὶν Ὅμηρος ῥᾳδίως ζῆν, ὡς τῶν ἀνθρώπων ἐπιπόνως καὶ χαλεπῶς βιούντων.

È notevole però che per tal pensiero, che pure è così comune, si ritrovino in Seneca certi atteggiamenti e certe forme, che, se non in via immediata,

(1) Cfr. tutte le testimonianze in *Riv. di Filologia* 1906, XXXIV, p. 241-44.

(2) Cfr. Ario Didymo pr. Stobeo, *ecl. eth.* 98,19-99,2 Wachsm; Orazio, *Epist.* 1,1 106 ecc.

certo indirettamente, ci rimandino ad Epicuro. Seneca cita come sue autorità per tal pensiero Sestio pitagorico ed Attalo stoico. Di Sestio egli così dice (*Epist.* 73, 12-13): « *Solebat Sextius dicere Iovem plus non posse quam bonum virum.... Iupiter quo antecedit virum bonum? diutius bonus est: sapiens nihilo se minoris aestimat, quod virtutes eius spatio breviore cluduntur* ». Ora argomentazioni molto simili a queste noi troviamo accennate in uno scritto epicureo, la lettera di Epicuro alla madre Cherestrata inserita in un suo trattato da Diogene di Enoanda (*Rhein. Mus.* 1892, p. 414 sgg.). Ivi Epicuro dice che la sua vita è simile a quella degli dèi; la sola differenza è che egli è mortale (e quindi felice per più breve tempo), ma ciò non costituisce per lui una inferiorità giacchè, mentr' egli è vivo, è felice come gli dèi, e, quando sarà morto, non sentirà il suo svantaggio rispetto ad essi. — Quanto ad Attalo, è noto quanto egli attingesse all'epicureismo e quanto fosse alacre nel tentativo di conciliare le due dottrine; ora di lui Seneca cita la sentenza (*Epist.* 110,20) « *nihil desideres oportet, si vis Iovem provocare nihil desiderantem* », che rammenta molto davvicino quel che di Epicuro riferisce Eliano (*Var. hist.* IV, 13: cfr. Stobeo, *Floril.* XVII, 30): Ὁ αὐτὸς ἔλεγεν ἑτοίμως ἔχειν καὶ τῷ Διὶ ὑπὲρ εὐδαιμονίας διαγωνίζεσθαι μᾶζαν ἔχων καὶ ὕδωρ — Anche in altri passi nei quali Seneca ritorna al paragone del sapiente con la divinità, ha questi tratti che abbiamo visto esser così caratteristici della scuola epicurea. Cfr. *Epist*, 23.11: « *Quaeris quid inter te et illos deos interfuturum sit? diutius erunt* ». *Epist.* 25,4: « *intra quae (panem et aquam) quisquis deside-*

rium suum clusit, cum ipso Iove de felicitate contendat, ut ait Epicurus » (1).

Com' è noto, Epicuro combatteva gagliardamente la concezione volgare della divinità. « Empio non è, diceva Epicuro (*Ad Men.* 123) chi elimina l'opinione volgare degli dèi, ma chi assegna appunto agli dèi l'opinione del volgo. Giacchè le immaginazioni del volgo sopra la divinità sono false supposizioni ». Ora questa critica della concezione consueta degli dèi è un altro dei tratti che con l'epicureismo ebbe comune Seneca. « Nessuno conosce dio, egli dice in *Epist.* 31, 10, e molti vi sono che di lui hanno falsa opinione ». E in *Dial.* IV, 27,2 (= *De ira* II, 27,2): « Quelli che sono folli e ignari della verità imputano agli dèi la violenza del mare, le piogge eccessive, il rigore dell' inverno, mentre invece niente di cotali fatti che ci danneggiano o ci giovano è diretto propriamente a danneggiare o a giovar noi ». Ed anche nelle singole ragioni specifiche che Seneca assegna per giudicare fallace l'opinione comune degli dèi, si scorge l' influenza della scuola epicurea.

Uno dei concetti sui quali più insiste Epicuro è quello della imperturbabilità serena degli dèi, i quali sono incuranti delle cose degli uomini e non possono quindi recar danno agli altri. Cfr. Epicuro pr. Diog. Laerzio X, 139, Lucr. II, 1093; v. 82; Cic. *In Pis.* 25,69; Orazio, *Sat.* I, 5 in f. ecc. Questa idea non era conciliabile con quella stoica di un dio eternamente operante e premiatore dei buoni e punitore degli empi ; ed anzi Seneca

(1) Il paragone della vita del saggio con quella degli dèi è pure in *Nat. Qu.* VI, 32, 5 ; *Epist.* 31, 8 ; 59, 14.

stesso nel trattato *De beneficiis* gagliardamente oppugna cotal modo di intendere la natura divina. « Tu insomma, Epicuro, egli dice (IV, 10), ti sei immaginato un dio inerme, gli hai tolto ogni arme ed ogni potenza, e per non farlo temere da alcuno, lo hai relegato oltre le mura dell'universo.... Cotesto dio dunque, chiuso da un grande e misterioso muro, diviso dal contatto e dal cospetto dei mortali, tu non hai ragione di venerarlo. Egli non ha modo di giovarti o danneggiarti. » Così Seneca, continuando le critiche degli stoici e degli accademici contro Epicuro. Eppure egli doveva a poco a poco svolgere il suo pensiero secondo altra tendenza, che molto si avvicina a quella epicurea, fino a confondersi con essa. Giacchè nel libro II *de ira* (cap. 27,1=*Dial.* IV, 27,1), leggiamo che « gli dèi immortali non vogliono nuocere altrui nè il possono; poichè hanno natura mite e placida, aliena sì dal fare ingiuria agli altri, sì a sè stessi ». E nello stesso trattato *De beneficiis* è un accenno piuttosto fugace a tale dottrina, ove dell'animo nostro è detto (VII, 1,7): « *si deorum hominunque formidinem eiecit et scit non multum esse ab homine timendum, a deo nihil* ». Ma enunciazione schiettamente epicurea sembra quella che si legge in *Epist.* 95,49: « *nec accipere iniuriam queunt (di) nec facere. Laedere enim laedique coniunctum est* ».

Se gli dèi non possono nuocerci, è evidente che noi non dobbiamo temerli. Ed è noto a tutti che questa liberazione dal timore degli dèi è il maggior fine morale della filosofia di Epicuro. Cfr. Lucr. I, 151-155, VI, 50-55 ecc. Ed anche Seneca trasse la medesima conseguenza. Abbiamo visto nel passo sopra citato *De beneficiis* accennato alla *deorum hominumque formido;* e in *Epist.* 17,6 come uno dei fini del sapiente vien posto anche *nullius nec hominis nec dei timor.* — D' altra parte se gli dèi non possono giovarci, è evidente che è pur vano il pregarli. Ciò appunto pensava Epicuro, inculcando ripetutamente che la venerazione degli uomini verso gli dèi non debba avere per iscopo la speranza che essi abbiano riconoscenza (1). E pure presso Seneca si ritrova qualche accenno al medesimo concetto; ad es. *Epist.* 31,5 « *in totum iam per maxima acto viro turpe est etiam nunc deos fatigare. Quid votis opus est?* Cfr. pure il suo passo presso Lattanzio VI, 25,3.

Se gli dèi non possono nè giovarci nè danneggiarci, qual ragione v'è di adorarli? In un altro nostro scritto (*Rivista di Filologia* XXXIV, 1906, p. 247 segg.) abbiamo mostrato come Epicuro giustificasse tale culto. Oltre la ragione naturale della venerazione che si deve a tutte le nature superiori, Epicuro adduceva una ragione morale ed una ragione politica. La ragione morale è questa, che l' esempio di nature interamente serene e interamente felici muove al desiderio di quella perfezione, ci spinge ad imitarle e ci è cagione quindi di grandi beni (2). Ora è notevole che pur questo concetto dei benefizi morali che derivano dall' imitazione della vita divina, si ritrovi in Seneca. Cfr. *Epist.* 95,50 « *Vis deos propitiare? bo-*

(1) Cfr. il papiro di Oxirinco, vol. II, n. 215, sec. col., lin. 1-19, Plutarco, *Adv. Col.* 22; Latt. *De ira dei* II, 7, ecc.

(2) Vedi il passo presso Eusebio, *Praep. ev.* XV, 5,800ª ed Epicuro, *Ad Men.* 124.

nus esto. Satis illos coluit quisquis imitatus est ».

Altra ragione assegnata da Epicuro per giustificare il culto divino è l' obbedienza alle leggi; cfr. Filodemo, *De pietate*, Tav. 102 lin. 15-20 (p. 120 Gomperz) e Tav. 110, p. 128 G. Conviene in tutto obbedire alle leggi, fino a che esse non comandino qualche cosa di empio; e il culto agli dèi non è empio, giacchè anzi è giusto l' ossequio alle nature superiori. Così Epicuro esaminava la questione religiosa anche dal lato politico e fu tra i primi che seguì quella tendenza, che si andò di mano in mano sempre più afforzando, di vedervi un potente strumento di governo ed un freno morale per il popolo. Pure Seneca propugnò questo concetto della osservanza del culto religioso per obbedienza alle leggi. In un dialogo *de superstitione*, del quale alcuni pensieri ci sono stati conservati da Agostino nel *De civitate dei*, egli parlando delle cerimonie del culto ufficiale così diceva (ivi, VI, 10 — Framm. 38 Haase): « *Haec omnia sapiens servabit tamquam legibus iussa, non tanquam diis grata* ». Seneca trovava in Roma stessa una lunga schiera di pensatori ed uomini politici, che avevano informato la loro condotta ad un tale concetto (1).

Da quanto abbiamo detto risulta che per il problema religioso Seneca fosse epicureo? Certamente no. Il suo dio non ha niun rapporto con gli dèi di Epicuro; la provvidenza divina è uno dei cardini della sua fede: il continuo interessamento della divinità per le cose umane ci porta molto lontano dalla indifferenza serena, in che Epicuro

(1) Cfr. il nostro lavoro *Dèi e Diavoli*, p. 30-32.

faceva consistere la felicità divina. Ma dai riscontri fatti risulta però quanta parte dei concetti epicurei sia rifluita in una scuola affatto diversa, anzi contraria; e risulta come il pensiero di Seneca prendesse, con largo spirito conciliativo, da opposte parti alimento.

AVVERTENZE

A pag. 10, linea 14, ove si legge: *altissima luce* è da correggere *vivissima luce.*

Il lavoro del Bacha, *Le Génie de Tacite*, citato nella nota 1 di pag. 48, ha conclusioni esageratissime e particolari non sempre esatti.

La seconda Appendice (*La religione di Seneca e il pensiero epicureo)* fu primamente pubblicata nei *Rendiconti del R. Istituto Lombardo,* Serie II, Vol. XXXIV, 1906.

INDICE

www.ingramcontent.com/pod-product-compliance
Lightning Source LLC
LaVergne TN
LVHW031711230826
846093LV00022B/508

* 9 7 8 8 8 3 3 0 0 3 3 4 4 *